DIE VOLKSSCHULPFLICHT NACH DEUTSCHEM VOLKSSCHULRECHT

VON

DR. FRANZ LÖSSL

BERLIN UND MÜNCHEN
DRUCK UND VERLAG VON R. OLDENBOURG
1911

Inhalt.

Einleitung.

Jugenderziehung, das geflügelte Wort unserer Zeit, das schon so viel Kopfzerbrechen und Streit verursacht hat, das gerade in jüngster Zeit in allen Schichten der Bevölkerung aller Nationen eine große Bewegung hervorgerufen hat! Überall gärt es, überall sucht man nach Neuem in dem von allen als unzureichend erkannten Zustand der bestehenden Einrichtungen. Den Aufschwung, den die Sorge für die heranwachsende Jugend in den letzten Dezennien genommen hat, weiterzuleiten, zum Ziele zu führen, haben die leitenden Kreise im Staate, hat der Staat selbst als eine seiner bedeutendsten Aufgaben erkannt. »Homo non nascitur, sed fit«, dieser Ausspruch des alten Philosophen, die Wahrheit, die auch unser deutscher Dichter ausspricht, wenn er sagt: »Was man ist, das bleibt man andern schuldig«, hat immer seine Berechtigung behalten. Durch die Erziehung wird der Mensch erst befähigt, seiner Aufgabe als Mensch, als Angehöriger eines geordneten Staatswesens gerecht zu werden. Sie ermöglicht es ihm, an den Errungenschaften einer großen Vergangenheit teilzunehmen, Einblick zu gewinnen in die Ereignisse der Vergangenheit, in die Geisteswerke unserer Vorfahren, in die kulturellen Errungenschaften verflossener Zeiten, sie sich anzueignen und darauf weiterzubauen zum Nutzen der gegenwärtigen, zum Segen der kommenden Generation. Daß man es aber nicht dem einzelnen überlassen dürfe, welches Maß von Bildung er als für sich genügend sich aneignen wolle, daß man vielmehr von jedem ein Minimum von Kenntnissen im Interesse der Gesamtbildung verlangen müsse, wurde schon frühzeitig erkannt. So hat denn schon in der frühesten Zeit der Staat die Erziehung der Jugend in seine Hand genommen, hat Bestimmungen und Gesetze über Art und Umfang der Jugenderziehung erlassen.

1. Geschichte des Schulwesens.

In der ältesten Zeit, im Altertum waren Unterricht und Jugenderziehung im wesentlichen Privatsache. Wenn auch hier und da einige Bestimmungen von Staatswegen getroffen wurden, so waren diese doch unerheblich und von geringer Bedeutung. Der Unterschied in der Erziehung eines Griechen und eines Römers läßt sich leicht aus dem verschiedenen Charakter der beiden Völker begreifen, wenn man bedenkt, daß man jene heute noch als ποιητικοι, diese als πρακτικοι bezeichnet.

In Deutschland war von Anfang an die Erziehung der Jugend in den Händen der Geistlichkeit gelegen, welche keine Veranlassung finden konnte, die Fülle des ihr überlieferten Wissens dem Volke mitzuteilen; vielmehr beschränkte sie sich darauf, in Dom- und Stiftsschulen den Laien eine notdürftige Belehrung in der Religion und im Lesen zu erteilen; Schreiben und Rechnen wurden nur ausnahmsweise getrieben. Daran vermochten auch die ernsten Bemühungen einzelner Kaiser, wie Karls des Großen und Ludwigs des Frommen, wenig oder nichts zu ändern.

Das Aufblühen der Städte im 13. Jahrhundert, die dadurch gesteigerten Anforderungen des Luxus erweckten das Bedürfnis nach allgemeiner Bildung, das besonders für die Elementarkenntnisse immer dringender wurde. Zunächst suchten die um diese Zeit entstandenen Orden der Dominikaner und Franziskaner einigermaßen Befriedigung zu verschaffen, indem sie neben den Klosterschulen auch die Überreste der Parochialschulen übernahmen. Die Städte bestrebten sich, neue Schulen zu schaffen, was freilich nicht ohne Widerstand von seiten der Geistlichkeit ging, die für ihren Einfluß fürchtete. Auf dem Wege des Kompromisses zwischen Geistlichkeit und Stadtbehörden entstanden Stadtschulen, so 1281 in Hamburg, 1267 und 1293 in Breslau, 1329 in Nordhausen, 1395 die Nikolaischule in Leipzig und andere.

In den Städten, in denen keine Klosterschulen von früherer Zeit vorhanden waren, wurden Schulen errichtet, teils von den Landesherren, teils vom Magistrate, der das Recht dazu sich vom Landesherrn erkaufte und damit das Patronatsrecht erwarb. Die Sorge der Städte für die Schulen war freilich eine geringe; sie stellten einen Schullehrer an, und damit war es abgetan. Von einer Besoldung des Lehrers wird fast nirgends etwas erwähnt. Der Gebrauch der gemieteten Hilfslehrer brachte die fahrenden Schüler, die teils zu ihrer eigenen Ausbildung höhere Schulen besuchten, teils auf die Wanderschaft gingen, um Beschäftigung als Unterlehrer zu suchen. Dies steigerte sich im 14. Jahrhundert zu einem großen Unwesen.

Die Unterrichtsgegenstände in den neuen Stadtschulen waren dieselben wie in den alten Kloster- und Stiftsschulen. Höchstes und letztes Ziel für wissenschaftliche Bestrebungen blieb immer der geistliche Stand, und die Kirche wußte im Laufe der Zeit auch über diese Schulen vollständige Herrschaft zu gewinnen.

Zwei neue Erfindungen aber bewirkten, wie in der ganzen geistigen Welt, so auch im Unterrichtswesen einen völligen Umschwung: die Erfindung des Leinenpapiers und der Buchdruckerkunst. Die erstere Erfindung fällt wahrscheinlich noch in den Anfang des 14. Jahrhunderts und bahnte den Weg an, die ars clericalis, die Schreibkunst, dem geistlichen Stande zu entreißen und zuletzt der großen Mehrzahl zu eigen zu machen. Die Erfolge der Buchdruckerkunst sind noch weit mächtiger. Mit vollem Rechte durfte Herder sagen, daß durch sie »die Gesellschaft aller denkenden Menschen in allen Weltteilen eine gesammelte und sichtbare Kirche geworden ist«. Durch die Buchdruckerkunst allein wurde es möglich, nicht bloß die Geisteserzeugnisse der Vorfahren allgemein nutzbar zu machen, sondern auch das, was in anderen Ländern in Wissenschaft und Kunst geleistet wurde, ohne die bisher erforderlichen Reisen und persönliche Gegenwart in den entferntesten Gegenden kennen zu lernen. Zu dem allem kam, daß die Erfindung der Buchdruckerkunst gerade in eine Zeit fiel, in welcher sich der Geist der Wissenschaftlichkeit, neu hervorgerufen durch Universitäten, kräftig zu regen begann. Die griechische Philosophie, seit dem 15. Jahrhundert in Italien heimisch, wirkte auch auf Deutschland, und mit der Neigung für sie erwachte zugleich die für humanistische Studien überhaupt. Seit Celtes, 1490, reisten die Poeten, so genannt von ihrer in Italien erlangten Ausbildung in der alten Literatur, von Universität zu Universität und drangen überall auf das Studium der Klassiker. Ihre Bemühungen blieben nicht fruchtlos; seit 1520 gab es keine Hochschule mehr, auf der nicht Griechisch gelehrt wurde.

Die niederen Schulen hielten aber nicht gleichen Schritt. Teilweise sehr spät, erst nach der Reformation, drang ein wissenschaftliches Streben ein. Abgesehen von einzelnen ist jedoch im ganzen schon vor der Reformation von den Humanisten ein wesentlich gebesserter Zustand erreicht worden. Vor allem ist es ihnen zu danken, daß die Schule endlich die Fesseln der Kirche abzuwerfen begann.

Luthers Auftreten war nicht bloß für die Kirche, sondern auch für die Universitäten und Schulen überhaupt von dem bedeutendsten Einflusse.

Mit großer Wärme verwandte sich Luther für die Verbesserung des niederen Schulwesens. Vor allem hob er die Wichtigkeit des Lehrerberufes hervor, indem er sagte: »Unter allen guten Werken ist kein größeres noch besseres, denn junge Leute recht zu erziehen.« Er selbst entwarf einen Studienplan, die sog. sächsische Kirchen- und Schulordnung 1525 und 1528, welche schon die Pflicht der Eltern, ihre Kinder zur Schule zu halten, den Schulzwang, ausspricht, den ganzen Unterricht nach einzelnen Schulklassen oder »Haufen« regelt und bis in die neuere Zeit Norm für Volks- und Landschulen geblieben ist.

Allerdings beschränkte Luther diese Schulen auf die notwendigsten Elementarkenntnisse und die Glaubenslehre. Seine Bestrebungen hatten aber immerhin den Erfolg, daß sich dieses Maß von Bildung auf weite Kreise verbreitete. Auch die höheren Schulen wurden infolge der Reformation bedeutend vermehrt.

Neben dem Fortschritte des Unterrichtswesens, der durch die Reformation herbeigeführt wurde, durfte auch deren Gegnerin, die katholische Kirche, nicht zurückbleiben. Von den wichtigsten Folgen in dieser Beziehung war die in diese Zeit fallende Gründung des Jesuitenordens durch Ignatius Loyola. In der Erziehung der Jugend fanden die Jesuiten bald ihr Hauptgeschäft. Sie errichteten überall Kollegien mit streng geregeltem Gymnasial- und Fakultätsunterricht.

Auch nach der Reformation erhielt sich in den ersten Zeiten das Emporstreben des Schulwesens. Der 30 jährige Krieg brachte in diese Entwicklung einen Stillstand, einen Rückschritt. In dem Schlachtenlärm, welcher Deutschland nach allen Richtungen hin durchtobte, konnten die Schulen nicht fortgedeihen.

Während unser Vaterland verwüstet, in materieller und geistiger Kultur um mehr als ein Jahrhundert zurückgeworfen wurde, entwickelte sich außerhalb Deutschlands der durch die Reformation gelegte Keim der Kritik. Descartes (1596—1650) brach die Bahn und suchte die Philosophie ausschließlich aus der Gewißheit des eigenen Denkens zu entwickeln, während gleichzeitig in England Bacon von Verulan (1561—1626) der Schöpfer der neuen Naturwissenschaft wurde, der er den Weg der Induktion, der Beobachtung und Erfahrung zeigte.

Diese Bestrebungen konnten natürlich nicht ohne Einfluß auf Deutschland bleiben. Seit Anfang des 18. Jahrhunderts wandten sich wieder tüchtige und zahlreiche Kräfte der Erziehung zu, bildeten das Schul- und Unterrichtswesen zu einer eigenen Doktrin aus. Es wurden verschiedene Methoden aufgestellt, und so entwickelten sich bald vier Hauptrichtungen. Diese sind:

1. die hallesche oder pietistische Schule,
2. die Schule der Humanisten,
3. die Schule der Philanthropisten,
4. die Schule der Eklektiker.

Ihre Bestrebungen und die verschiedene Auffassung von der Art des Unterrichts sind so bekannt, daß wir hier nicht näher darauf einzugehen brauchen.

Wie die verschiedenen Pädagogen, so suchten auch die Philosophen das Wesen des Unterrichts wissenschaftlich zu ergründen.

Kant schrieb seine »Pädagogik« (1803), welche namentlich von Niemeyer, Hausinger und Schwarz bearbeitet wurde. Fichte drang in seinen »Reden an die deutsche Nation« auf eine umfassende Nationalerziehung.

Unter allen diesen Bestrebungen, die sich bald förderten, bald durchkreuzten, trat Joh. Heinr. Pestalozzi (1746—1827) in der Schweiz als Reformator des Erziehungswesens auf und gewann in kurzer Zeit einen großen Teil der Pädagogen zu seinen Anhängern. Im Laufe der Zeit sind natürlich einzelne Grundsätze Pestalozzis entwickelt und modifiziert worden, aber im wesentlichen gilt Pestalozzi als Vater der Volkserziehung.

In der Folgezeit trat eine Spaltung der Pädagogen ein in die Pestalozzische oder rationale Schule und in die orthodoxe Schule. Es handelt sich zwischen den Parteien darum, ob der Religionsunterricht in den Schulen konfessionell frei sein solle oder nicht und ob und inwieweit den Geistlichen ein Einfluß auf die Schulen gebühre.

Inzwischen ist, namentlich seit dem Ende des 18. Jahrhunderts, immer mehr anerkannt worden, daß die Jugenderziehung eine Angelegenheit des Staates sei, daß der Staat dafür zu sorgen habe, daß überall die erforderlichen Bildungsanstalten in gehöriger Einrichtung vorhanden sind und daß er den Eltern gegenüber, die ihre Kinder ohne Unterricht lassen wollen, den Schulzwang ausübe.

So erging in Bayern 1548 eine Schulordnung, eine weitere im Jahre 1569. Auch in der Landes- und Polizeiordnung von 1616 finden sich Bestimmungen über Volksschulwesen, vor allem aber in der Schul- und Zuchtordnung von 1659, welche 1682 und 1738 erneuert wurde und bis 1770 maßgebend blieb. Auch sind noch verschiedene besondere Mandate einschlägig.

Die Schulen standen damals in engster Verbindung mit der Kirche, die Schulstellen wurden unter die Kirchenämter gezählt; die Besetzung derselben, Beaufsichtigung und Visitation geschah kumulativ. Neben den landesherrlichen Schulmandaten ergingen bis in das 18. Jahrhundert auch kirchliche Verordnungen über die Schulen. Später aber wurde die Schulgesetzgebung von der Staatsgewalt allein ausgeübt, zumal seit der vom Jahre 1770 an in Angriff genommenen Reform des Schulwesens und der Einführung des Schulzwanges. Um den Anfang des 19. Jahrhunderts wurde grundsätzlich das Anordnungs- und Leitungsrecht bezüglich des Schulwesens als einer »weltlichen Regierungsanstalt« ausschließlich dem Staate vindiziert. Durch die Verfassung vom 26. Mai 1818 wurde der Kirche die Anordnung und Leitung des Religionsunterrichtes und des religiösen Lebens in der Schule gewährleistet. (V.U. Beil. 2 Anh. 2 § 14 Beil. 2 §§ 38, 39, Anh. 1 Art. 5 Abs. 4 Anh. 2 §§ 11, 14.) Im übrigen wurde das Recht des Staates über die Schulen aufrechterhalten.

Einen ähnlichen Gang zeigt die Entwicklung in Preußen. Johann Georg, Kurfürst von Brandenburg, erließ 1537 eine Visitations- und Konsistorialordnung, in welcher hinsichtlich der Schulen das Aufsichtswesen, die innere Einrichtung, der Unterricht und das Verhältnis des Lehrers geregelt war. Der große Kurfürst erließ eine Schulordnung vom 6. August 1687, welche die Lehrgegenstände der Schule bezeichnete. Unter der Reihe der folgenden Verordnungen sind wichtig die, welche Friedrich Wilhelm I. am 28. September 1717 und am 29. September 1736 erließ, in denen er sagt, daß die Eltern ihre Kinder fleißig zur Schule schicken sollen, und schon einen strengen Schulzwang für die Jugend vom 5. bis zum 12. Lebensjahr anordnet. Friedrich d. Gr. betonte in dem General-Land-Schulreglement vom 12. Aug. 1763 die Pflicht der Eltern zum Schulzwang ihrer Kinder. In dem allgem. preuß. Landrecht, welches am 5. Februar 1794 unter der Regierung Friedrich Wilhelms II. publiziert wurde, werden im 12. Titel des 2. Teiles Schulen und Universitäten für Staatsanstalten erklärt und ein umfassendes Rechtssystem für das ganze Unterrichtswesen aufgestellt, dessen Grundzüge bis heute maßgebend geblieben sind.

Der Anfang mit dem eigentlichen Volksschulunterricht geschah in Baden in dem vom Markgrafen Karl Wilhelm 1718 zu Pforzheim gegründeten Armen- und Waisenhause, in welchem für Kinder beiderlei Geschlechts eine besondere Abteilung gebildet wurde zum Unterricht in Religion, Lesen, Schreiben, Rechnen, Deutsch und Latein, daneben auch in Handwerken, weiblichen Handarbeiten und Haushaltungsverrichtungen. Eine durchgreifende Reform des Schulwesens bewirkte erst die am 3. Mai 1754 für Badenweiler publizierte Schulordnung. Diese handelte von den Schulmeistern, von der Vorbereitung künftiger Schullehrer, über Schulpflicht, über Unterricht, Aufbesserung des Lehrereinkommens und der Aufsicht über die Schulen. Die Schulpflicht wurde auf Kinder vom 6. bis 14. bzw. (bei Mädchen) 13. Lebensjahre bezogen. Die wichtigsten Bestimmungen dieses Reglements wurden durch die Generalsynodalverordnung vom 25. Mai 1756 auf das ganze Land ausgedehnt, daneben in manchen Punkten ergänzt.

Bei seiner politischen Neuregelung im Jahre 1803 erhielt Baden organisatorische Edikte, deren dreizehntes die »gemeinen und wissenschaftlichen Lehranstalten« betraf. »Die unteren oder Trivialschulen sind bestimmt, den Stadtbürger oder Landmann in die Kenntnis alles dessen zu setzen, was ihm für seinen Lebensberuf als Christ und Staatsbürger zu wissen notwendig ist, ohne ihn jedoch zu einer Bildung hinaufzuschrauben, die seiner Berufsarbeit nachteilig wäre.« Schulpflichtig war das Alter vom 7. bis 14. bzw. (bei Mädchen) 13. Jahr; unwissende Kinder sollten noch ein Jahr über diesen Endtermin hinaus zur Schule angehalten werden.

Eine durchgreifende Umgestaltung des gesamten badischen Unterrichtswesens erfolgte durch die landesherrliche Verordnung vom 15. Mai 1834, welcher Schulordnung und Lehrplan unmittelbar folgten. Als Zweck der Volksschule war bezeichnet, die Kinder zu verständigen und religiös-sittlichen Menschen zu bilden und in den jedem Erwachsenen im bürgerlichen Leben nötigen Kenntnissen zu unterrichten.

Zu Anfang der sechziger Jahre begann die Auseinandersetzung zwischen Staat und Kirche über die beiderseitigen Ansprüche an die Schule. Das Gesetz vom 9. Oktober 1860 bestimmte: »Das öffentliche Schulwesen wird vom Staate geleitet. Den Religionsunterricht überwachen die Kirchen für ihre Angehörigen, jedoch unbeschadet der einheitlichen Leitung der Unterrichts- und Erziehungsanstalten.« Dieses Gesetz wurde die Grundlage für die folgenden Verordnungen und für das heute in Baden geltende Volksschulrecht.

Der ehrbaren Stadt Braunschweig christliche Ordnung durch Johann Bugenhagen 1531 sieht »vor allen Dingen für nötig an, gute Schulen aufzurichten«. Von den »deutschen Schulen«

wird verlangt, »ihre Jungen zu etlichen Zeiten was Gutes zu lehren aus dem Worte Gottes«, die zehn Gebote und andere lutherische Hauptstücke. Derselbe religiöse Unterrichtsstoff, »dazu auch christliche Gesänge«, war für die »Jungfrauenschulen« vorgeschrieben, »die an vier Orten der Stadt wohlgelegen, darum, daß die Jungfrauen nicht fern von ihren Eltern sollen gehen«. Die Schulordnung des Herzogs August vom 24. Februar 1651 und seine Verordnungen vom 15. August und 20. September desselben Jahres dringen energisch auf Errichtung von Volksschulen im ganzen Lande. Am 22. September 1753 erging die »Ordnung für die Schulen auf dem Lande«, welche bis in die neueste Zeit hin maßgebend gewesen ist. Der Schulbesuch wurde für die Kinder vom vollendeten 4. bis 14. Jahre vorgeschrieben, »obgleich nicht gefordert wird, daß Eltern ihre Kinder diese ganze Zeit hindurch den ganzen Tag in die Schule lassen und sie sonst zu keiner Verrichtung gebrauchen sollen«. Unter Herzog Wilhelm erhielt die Volksschule 1830 ihre neue innere Gestaltung.

In Elsaß-Lothringen konnten schon im Herbst 1871 nach seiner Einverleibung an Deutschland die meisten der Unterrichtsanstalten wieder eröffnet werden, die während des Deutsch-Französischen Krieges geschlossen waren. Im allgemeinen wurden in der ersten Zeit der Wiedervereinigung die preußischen Normen, Lehrpläne, Besoldungs- und Pensionsbestimmungen usw. den reichsländischen Verhältnissen zugrunde gelegt, in einigen Punkten indessen erfuhren sie eine selbständige Weiterentwicklung.

Die Homberger Synodalbeschlüsse vom Jahre 1526 ordneten für Hessen Schulen für Knaben in allen Städten, Flecken und Dörfern an. Mädchenschulen wurden in den Städten für notwendig, auf dem Lande für wünschenswert erklärt. Der Unterricht in Mädchenschulen sollte nur von Frauen erteilt werden und sich auf Religion und Lesen erstrecken. Unter Ludwig VI. erging ums Jahr 1670 eine »Instruktion für die Praeceptores und Schulmeister in kleinen Städten und Dörfern«. Hierin wurde der Schulunterricht aller 5—12 jährigen Kinder im Winter auf zwei Stunden vor- und drei Stunden nachmittags, im Sommer auf zwei und eine Stunde festgesetzt. Knaben und Mädchen sollten in der Schule getrennt sitzen und außerdem nach Kenntnissen abgeteilt werden. Landgraf Ernst Ludwig beauftragte

1707 drei Geistliche mit der Abfassung einer neuen Schulordnung, die endlich im Jahre 1733 zustande kam. Der Schulbesuch wurde hier auf die Zeit vom Beginn des 7. bis zur Vollendung des 14. Lebensjahres festgesetzt. Nachdem 1826 und 1827 Schulordnungen für die einzelnen Provinzen erlassen waren, erschien 1831 das Edikt über das Volksschulwesen, welches sämtliche Schulen einer Oberschulbehörde unterstellt.

In Sachsen hatte schon im 13. Jahrhundert fast jeder größere Ort eine Klosterschule. Eine weltliche Schule wird zuerst 1382 in Freiberg erwähnt als schola trivialis civica seu parochialis. Auch Leipzig erlangte schon 1395 die päpstliche Genehmigung zur Gründung einer Stadtschule: aber bei dem klerikalen Widerspruch konnte die Anstalt (jetzige Nikolaischule) erst 1511 eröffnet werden. Das Volksschulwesen Sachsens erfuhr schon im 16. Jahrhundert seine erste landesherrliche Ausgestaltung und Regelung. Unter dem Kurfürsten August erschien am 1. Januar 1580 die kurfürstliche Schulordnung, welche auch die deutsche Schule berücksichtigte. In einem Dekret von 1700 werden die Untertanen vermahnt, die Kinder fleißig zur Schule zu schicken. Die Schulordnung von 1724 betonte zum ersten Male die Schulpflichtigkeit der weiblichen Jugend. Ein Generaldekret von 1769 befahl, daß alle Kinder des Landes vom 5. (d. h. dem Anfang des 6.) bis 14. Lebensjahr gewißlich zur Schule geschickt, die dawiderhandelnden Eltern aber in namhafte Strafe genommen werden sollten. Nur für die Erntezeit war die Aussetzung auf vier Wochen gestattet. Im Jahre 1773 kam die reorganisatorische neue Schulordnung für alle Landesteile heraus. Sie handelte im besonderen von der Einrichtung der Anstalten, Methode des Unterrichts, Schulzucht und Schulaufsicht. Als Beschluß des alten wie als Beginn des neuen Volksschulwesens ist das Regulativ vom 4. März 1805 anzusehen, welches über Schulbesuch, Versäumnisstrafen und Zahlung des Schulgeldes eingehende Bestimmungen erließ. Am 6. Juni 1835 wurde endlich ein Volksschulgesetz herausgegeben. Der Kultusminister v. Gerber brachte bei der Ständeversammlung den umfangreichen Entwurf eines Volksschulgesetzes ein, der am 26. April 1873 vollzogen wurde. Gegenwärtig bereitet Sachsen den Entwurf eines neuen Volksschulgesetzes vor.

Nachdem schon Melanchthon einen nur lateinischen Unterricht verlangt hatte, befahl Herzog Ulrich von Württemberg 1546 »zur Ehre Gottes und zum Nutzen des Gemeinwesens« neben den lateinischen die deutschen Schulen abzuschaffen, weil diese durch jene »verderbt« würden. Aber die Praxis kümmerte sich nicht darum, und sie wurden danach erst recht eingerichtet. Schon 1559 erließ Herzog Christoph die »große Kirchenordnung«, welche in besonderen Abschnitten auch die Ordnung der deutschen Schulen enthielt und damit die Grundzüge einer vernünftigen bis auf den heutigen Tag gültigen Volksschuleinrichtung vorzeichnete. Gleich zu allererst wird die Trennung der Geschlechter verlangt als die Vorbedingung, unter welcher allein Sitte und Ordnung bestehen könne. Über die Schulzucht und »Superattendenz« der deutschen Schulen verbreitete sich das Reglement eingehend. Auch Schulversäumnisstrafen sind vorgesehen. Die eigentliche Schulpflichtigkeit wurde für Württemberg erst durch die Generalsynode von 1649 angeordnet. In den Jahren 1670 bis 1679 schärften mehrere Verfügungen die Schulpflicht aller schulfähigen Kinder ein, welche trotzdem nicht überall vollständig erfüllt wurde. Eine »Erneute Ordnung für die deutschen Schulen« war 1730 auf Geheiß des Herzogs Eberhard Ludwig im Druck erschienen. 1759 wurde den Pfarrern fleißige Visitierung und Aufstellung von Absentenlisten anempfohlen. 1773 erinnerte eine Verfügung in schärfster Form an die Schulpflichtigkeit aller Kinder vom 6. Lebensjahre an, 1787 wurde die Schulordnung von 1730 nochmals veröffentlicht. 1810 erging eine Generalschulverordnung, der am 29. September 1836 das Volksschulgesetz folgte. Unter dem 17. Juni 1909 wurde das neue Württembergische Volksschulgesetz erlassen, welches gegenüber dem alten einen großen Fortschritt bedeutet.

2. Rechtsquellen.

Die Rechtsquellen des deutschen Volksschulrechtes sind zum Teil recht lückenhaft, zum Teil aber auch in einzelnen Bundesstaaten sehr ausführlich und detailliert. Während Preußen trotz der Verheißung in der Verfassungsurkunde von 1850 noch kein einheitliches Schulgesetz besitzt, ist in Bayern die Materie im wesentlichen einheitlich geregelt im Schulbedarfsgesetz von 1902 und der Schulpflichtsordnung von 1903, ist in Württemberg am 17. Juni 1909 ein neues Volksschulgesetz erlassen worden. In Baden haben die Kammern am 18. Juni 1910 den Entwurf des Schulgesetzes angenommen, Sachsen bereitet einen Entwurf vor. Reichsgesetzlich finden sich nur wenige Bestimmungen über Schullehrer und Schulwesen. Diese Vorschriften sind zerstreut im Reichsstrafgesetzbuch, im Militärstrafgesetzbuch, der Gewerbeordnung, dem Gerichtsverfassungsgesetz, dem Reichsimpfgesetz. Die Hauptquellen für das Schulwesen sind landesrechtlicher Natur. Bestimmungen finden sich in den einzelnen Verfassungsurkunden, vor allem aber in landesherrlichen Verordnungen, Ministerialentschließungen, Entschließungen der obersten Gerichtshöfe, Regierungsentschließungen. Auch einige oberhirtliche Verordnungen, Oberkonsistorial- und Konsistorialentschließungen kommen in Betracht.

3. Rechtsnatur.

Die Volksschulen sind öffentliche Staatsanstalten, welche die für das häusliche, bürgerliche und religiöse Leben allgemein notwendige Bildung zu vermitteln bestimmt sind. Sie sollen der heranwachsenden Jugend zu jener Stufe der geistigen Entwicklung und zur Erlangung jener Kenntnisse und Fertigkeiten verhelfen, welche von jedermann ohne Unterschied der Berufsklassen erfordert werden und die daher Gemeinbesitz aller Volksklassen sein sollen, wie sie auch die Grundlage für die Weiterbildung in den einzelnen Berufsarten sind.

Die allgemeine Schulpflicht ist die gesetzliche Nötigung der Eltern oder deren Stellvertreter, ihren Kindern und Pflegebefohlenen binnen einer gewissen Zeit allgemein wissenschaftlichen Unterricht, und zwar mindestens den einer Volksschule, angedeihen zu lassen.

Der Schulzwang als potenzierte Schulpflicht ist nicht sowohl die Verpflichtung, eine bestimmte Schule zu besuchen bzw. zu unterhalten, als auf Seiten der Eltern und Kinder die Nötigung, bei dem Mangel anderweitigen Unterrichts den der Volksschule zu benutzen, die Kinder in ihrem Recht auf Bildung hinsichtlich ihres späteren bürgerlichen Fortkommens zu schützen und dabei nötigenfalls die Eltern zwangsweise dazu anzuhalten, ihre Kinder der Volksschule zuzuführen.

Der Schulzwang gehört dem polizeilichen Gebiet der Staatsgewalt an. Es ist zwar den Untertanen »Freiheit der Meinungen« d. h. Freiheit der geistigen Tätigkeiten zugesichert (bayer. Verfassungsurkunde), so daß jeder Bayer in bezug auf rezeptive und produktive Geistestätigkeit vollkommen frei ist und der Staat weder die eine noch die andere hindern oder beschränken oder direkt erzwingen darf. Jedoch darf diese Freiheit der geistigen Tätigkeit nicht in das Gegenteil verkehrt und die Nichtentwicklung derselben als Recht beansprucht werden. Es ist zunächst jeder Mensch an sich sittlich verpflichtet, alle seine Kräfte und Anlagen möglichst zu entwickeln und sich zu vervollkommnen. Der Staat hat demgegenüber im allgemeinen die Pflicht, einerseits die Hindernisse zu entfernen, welche dem Einzelnen etwa bei Verfolgung dieses Zieles im Wege stehen könnten, und anderseits demselben möglichst Erleichterung und Unterstützung angedeihen zu lassen. Würde er sich bloß auf die letztere Art von Tätigkeit beschränken, so wäre die nächste Folge, daß ein großer Teil der Untertanen von den gebotenen Bildungsmitteln keinen Gebrauch machte, sei es aus Lässigkeit, sei es wegen allgemeiner früherer häuslicher oder gewerblicher Nutzbarmachung der jugendlichen Arbeitskraft. Der Staat aber hat ein großes Interesse, daß seine Untertanen denjenigen Grad von Bildung besitzen, kraft dessen sie das sittlich und politisch Erlaubte und Unerlaubte zu unterscheiden vermögen und die Befähigung nicht nur zum Nahrungserwerb, sondern auch zur entsprechenden Ausübung ihrer Untertanenrechte und -Pflichten erlangen. Daher erkannte auch von jeher der Staat die Befreiung derjenigen vom Schulzwang an, welche einen ordnungsmäßigen Privatunterricht genießen oder einer höheren Lehranstalt angehören; denn hier erfüllen die Eltern die Pflicht der Kindererziehung so weit es in ihren Kräften steht. Wenn die Eltern aber ihren Kindern keinerlei Unterricht angedeihen lassen und ihnen nicht einmal die allgemeine Volksbildung vergönnen, dann erhält der Staat Veranlassung, das Recht der Kinder auf dieselbe zu schützen und sie ihnen nötigenfalls auf dem Zwangswege zu verschaffen. Daß die Erfüllung des Staatszweckes dies erfordert, ergibt sich aus folgender Darstellung.

Die Aufgabe der Volksschule ist: der unmündigen Jugend das Maß nationaler, menschlicher und religiöser Bildung zu verschaffen und zu sichern, welches nicht als die Gabe einzelner Familien, noch als besonderes Gut einzelner Klassen der Bevölkerung, sondern als das gemeinsame Bedürfnis aller für alle gewährt werden muß. Ein Volk, welches dessen entbehrt, wird weder die gehörige Achtung vor Gesetz und Obrigkeit, noch die Fähigkeit zu irgend einem höheren Aufschwung haben. Eine solche rohe und unwissende Masse im Zaum zu halten, wird auch der strengsten Polizeiherrschaft nicht gelingen; tagtäglich wird die staatliche Rechtsordnung durchbrochen und nicht nur der Staat in seinen Einrichtungen, sondern auch die Sicherheit des Einzelnen im höchsten Maße bedroht sein. Wenn also der Staat die Pflicht der Selbsterhaltung und des Schutzes seiner Angehörigen wirksam erfüllen will, muß er auf Beseitigung dieser Mängel bedacht sein.

Auch die nationalökonomische Wohlfahrt des Staates ist bedingt durch den Grad von Rechtssicherheit und Ordnung in seinem Innern. Diese beruhen auf dem Rechtssinn des Volkes; mangelt dieser, so ist die notwendige Folge Unsicherheit im Handel und Wandel, Mangel an Vertrauen (Kredit) und folgemäßig Lahmlegung der Produktionskräfte des Volkes. Einem solchen Schaden werden weder Handelsverträge noch Zollschutzgesetze abzuhelfen imstande sein; das einzige Mittel zu dessen Beseitigung liegt darin, daß im Volke durch entsprechende Erziehung der Sinn für Ordnung und Recht geweckt werde. Die Erziehung wird aber bei der großen Mehrzahl des Volkes durch die Familie allein nicht gewährt und kann auch nicht gewährt werden. Das neuere Staatsrecht bezeichnet deshalb als eine Haupttätigkeit der Polizeigewalt die Sorge für die sittliche Wohlfahrt des Volkes und als Hauptmittel hierzu die Schule und deren Unterricht.

Bei einer gesetzlichen Regelung der Schulpflicht muß auch der Begriff des Schulzwanges näher bestimmt werden und zwar sowohl hinsichtlich der anwendbaren Mittel als auch der Zeitperiode des kindlichen Alters, auf welche er sich zu erstrecken hat. Nach ersterer Richtung hin lassen es die Gesetze nicht allein bei einer angedrohten Geldstrafe bewenden, sondern sie nehmen auch Freiheitsstrafe der Eltern und Zwangsvorführung der Kinder in Aussicht. Rücksichtlich des letzteren können sich bei Feststellung des Anfangstermines grundsätzliche Schwierigkeiten nicht ergeben, weil seine Voraussetzung eine gewisse geistige und körperliche Entwicklung des Kindes ist, die sich je nach den eigentümlichen Landesverhältnissen sehr wohl nach einem bestimmten Lebensjahre datieren läßt.

Das Wort »Schulpflicht« besagt, daß alle Kinder beiderlei Geschlechts von einem gewissen Alter an eine bestimmte Zeit lang, regelmäßig zehn Jahre, zum Besuche der einschlägigen Werktags- oder Sonntagsschule verpflichtet sind, bzw. von ihren Eltern oder deren Stellvertretern dazu anzuhalten sind, letztere also eventuell unter Anwendung von Zwangsmaßregeln gezwungen sind, ihre Kinder oder Pflegebefohlenen in die betreffende öffentliche Schule zu schicken. Davon gibt es wieder Ausnahmen, von denen später zu handeln ist. Es dauert jedoch in solchen Ausnahmefällen die Befreiung vom Besuche der öffentlichen Volksschule nur so lange, als die in Betracht kommenden Befreiungsgründe während des schulpflichtigen Alters fortbestehen. Wer demnach aus einer höheren Lehranstalt, einer Fortbildungsschule oder dem Privatunterricht noch während des Schulpflichtigkeitsalters ausscheidet, ist zum Besuche der Werktags- oder Sonntagsschule anzuhalten.

Bezüglich des Endtermins versuchte das preußische allgemeine Landrecht eine relative Ausdehnung der Schulpflicht bis zu dem Zeitpunkt, wo das Kind nach dem Befunde seines Seelsorgers die für einen vernünftigen Menschen »seines Standes« notwendige Bildung erlangt haben würde. Indessen führte diese Unbestimmtheit zu so vielen Unzuträglichkeiten, daß die Schulpflicht wie in den übrigen deutschen Schulgesetzen und Schulverordnungen zeitlich begrenzt wurde. Wollte man aber, wie das der spätere Universitätskanzler von Rümelin in den sechziger Jahren mit dem ganzen Aufwande seiner Gelehrsamkeit vertrat, die Schulpflicht wieder mit dem Zeitpunkte aufhören lassen, mit dem das Kind ein gewisses Maß von Kenntnissen und Fertigkeiten sich angeeignet, so würde man dabei vor allem übersehen, daß die Volksschule nicht allein Unterrichts-, sondern auch Erziehungsanstalt ist.

4. Umfang der Volksschulpflicht.

Die Volksschulpflicht erstreckt sich nicht bloß auf die bayerischen, sondern auch auf die nichtbayerischen Kinder ohne Unterschied der Nationalität, sie mögen Kinder von nichtbayerischen Deutschen oder von ausländischen Familien sein, so lange sie sich auf kürzere oder längere Zeit[1]), z. B. als Dienstboten oder Lehrlinge oder Angehörige einer ein Gewerbe in Bayern betreibenden nichtbayerischen[2]) Familie während des schulpflichtigen Alters in Bayern aufhalten, es sei denn, daß die im Gesetz bestimmten Ausnahmen platzgreifen. Dort ist bestimmt, daß Ausnahmen vom Besuche der Volksschule nur in folgenden Fällen bestehen, wenn:

1. die Kinder einen den öffentlichen Unterricht ersetzenden Privatunterricht mit Erlaubnis der Ortsschulbehörden genießen, oder
2. sie bereits einer höheren öffentlichen Lehranstalt (Latein-, Real- oder höhere Töchterschule) angehören (M.E. v. 26. 2. 1838, V.O. v. 31. 12. 1864 § 2), oder
3. als Feiertagsschulpflichtige eine landwirtschaftliche oder gewerbliche Fortbildungsschule besuchen oder Tamboure sind (M.E. v. 3. 12. 1866).

---

[1]) Ein bloß vorübergehender Aufenthalt z. B. zum Gebrauche eines Bades kann den Schulzwang wohl nicht mit sich führen (cfr. Blätter für administrative Praxis Band 18 S. 84).

[2]) Es kann hierunter nur ein mit längerem Aufenthalte an einem Ort verbundener Gewerbebetrieb verstanden werden. Beim Gewerbebetrieb im Umherziehen ist das Mitführen von werktagsschulpflichtigen Kindern verboten, wenn nicht für einen ausreichenden Unterricht derselben gesorgt ist (G.O. § 62).

Taubstumme und blinde Kinder sind von der Schulpflicht im allgemeinen nicht ausgenommen. Nur die Kinder der Gesandten und des gesandtschaftlichen nichtdeutschen Gefolges sind vermöge der Exterritorialität dem bayerischen Schulzwang nicht unterworfen.

Die Schulpflicht beginnt für Knaben und Mädchen mit dem zurückgelegten 6. Lebensjahre und umfaßt regelmäßig zehn Jahre, nämlich sieben Jahre als Werktagsschulpflicht, drei Jahre als Sonntagsschulpflicht; unter Volksschule versteht nämlich die V.O. v. 7.3. 1906 die in die Werktags- und Sonntagsschule sich gliedernde Elementarschule. Nach § 5 der Schulpflichtverordnung vom 4. Juni 1903 in der Fassung nach der Verordnung von 1907 können jedoch die Gemeinden mit Genehmigung der Kreisregierung besondere Werktagsschulklassen für Kinder des achten Schuljahres in Angliederung an die bestehenden Volksschulen errichten. Der Eintritt in diese Werktagsschulklassen ist freiwillig; durch Beschluß der Gemeindeverwaltung kann der Besuch jedoch zur Pflicht gemacht werden. Die Beschlüsse sowie deren Wiederaufhebung bedürfen der Genehmigung der Kreisregierung. Durch dieselben kann eine Verpflichtung zum Besuche der Schule einer anderen Konfession oder einer konfessionell gemischten Schule nur insoweit begründet werden, als diese Verpflichtung auch für den Besuch der übrigen Werktagsschulklassen jener Schule besteht. Die Zeit des Besuches der Klasse wird auf die Dauer der Sonntagsschulpflicht angerechnet.

Alle in diesem Alter stehenden Kinder beiderlei Geschlechts sind zum Besuche der einschlägigen Werktags- oder Feiertagsschule verpflichtet, sofern nicht eine der obenangeführten Ausnahmen in Frage steht. Durch Ortsstatut können nach der G.O. Arbeiter unter 18 Jahren zum Besuche einer Fortbildungsschule herangezogen werden, die Schulpflicht also auf 12 Jahre verlängert werden.

Die Bedingungen der Aufnahme in die Werktagsschule sind:

1. gehörige geistige und körperliche Entwicklung,

2. Zurücklegung des 6. Lebensjahres,

3. Vorlage eines vorschriftsmäßig ausgestellten Impfscheines oder eines Zeugnisses über bestandene Blatternkrankheit (Reichsimpfgesetz § 1 Z. 2, § 13, § 15).

Als Normalalter für die Aufnahme in die Schule gilt demnach das vollendete 6. Lebensjahr, d. h. alle sechs Jahre alten Kinder sind bei gehöriger geistiger und körperlicher Entwicklung nicht nur aufnahmefähig, sondern auch zum Eintritt in die Schule verpflichtet.

Bei gehöriger geistiger und körperlicher Entwicklung kann jedoch das Alter der Aufnahmefähigkeit ein geringeres sein (ohne Eintrittspflicht); es kann nämlich:

1. in allen Landschulen, ferner in jenen Stadtschulen, in welchen das Schuljahr mit dem Wintersemester beginnt, auch solchen Kindern, welche das 6. Lebensjahr noch im Laufe des betreffenden Kalenderjahres zurücklegen,

2. in jenen Stadtschulen, in welchen das Schuljahr mit dem Sommersemester beginnt, jenen Kindern, welche das 6. Lebensjahr innerhalb der auf den Beginn des Schuljahres folgenden drei Monate zurücklegen werden,[1])

der Eintritt in die Schule auf Ansuchen der Eltern gewährt werden. Marktschulen sind hierin den Stadtschulen gleichzustellen, sofern sie nicht seither als Landschulen behandelt wurden. Solche vor dem vollendeten 6. Lebensjahr aufgenommene Kinder sind den übrigen Schulpflichtigen gleichzuachten.

Die Beurteilung der genügenden geistigen Entwicklung erfolgt auf Grund einer Probeschulzeit. Kinder, welche das 6. Lebensjahr noch nicht zurückgelegt haben, dürfen immer nur auf Probe aufgenommen werden und sind eventuell nach sechs Wochen zurückzuweisen. Bei Kindern, die das 6. Jahr bereits zurückgelegt haben, soll eine Zurückweisung nur ausnahmsweise nach zwei Monaten erfolgen. Gänzlich bildungsunfähige oder mit ekelerregenden Krankheiten behaftete Kinder sind vom Schulbesuch gänzlich auszuschließen. Bei der Entscheidung über die Aufnahme oder Zurückweisung bildungsbeschränkter oder -unfähiger Kinder ist einerseits das Interesse der Schule nicht außer acht

---

[1]) In der Pfalz hat die Regierung von dieser in § 3 Abs. 2 der Schulpflichtordnung vom 4. Juni eingeräumten Befugnis keinen Gebrauch gemacht, vielmehr durch Entschließung vom 13. April 1904 angeordnet, daß nur solche Kinder aufgenommen werden dürfen, welche am 1. Mai (Schulanfang) das 6. Lebensjahr vollendet haben.

zu lassen, das häufig einer solchen Aufnahme entgegenstehen wird, anderseits aber auch das Interesse dieser Kinder zu berücksichtigen, denen nicht selten schon durch den geregelten Schulbesuch eine große Wohltat erwiesen werden kann, auch wenn sie aus dem Unterricht nicht den vollen Nutzen zu ziehen vermögen. Deshalb wird zwar in erster Linie darauf Bedacht zu nehmen sein, solche Kinder in den für sie besonders geeigneten Unterrichts- und Erziehungsanstalten, wie z. B. in Hilfsschulen und -klassen, Taubstummenanstalten, Anstalten für krüppelhafte Kinder, Blindeninstituten u. a. unterzubringen. Wo dies aber nicht möglich ist, soll ihnen die Aufnahme in die Volksschule nicht versagt werden, falls sie in ihrem Interesse liegt und ohne eine zu erhebliche Schädigung der Unterrichtsinteressen und der gebotenen Rücksicht auf andere Kinder angängig und rätlich erscheint. Sie kann in solchen Fällen auch gegen den Willen der Erziehungsberechtigten verfügt werden. Wird ein Kind als nur beschränkt bildungsfähig oder als bildungsunfähig von der Aufnahme in die Volksschule zurückgewiesen, so hat der kgl. Lokalschulinspektor hiervon dem kgl. Bezirksamt (Stadtmagistrate, Polizeidirektion) Anzeige zu machen. Dasselbe hat auch dann zu geschehen, wenn sich erst im Laufe des Schuljahres herausstellt, daß ein Kind aus irgendeinem Grunde für den regelmäßigen Unterricht in der Volksschule untauglich ist. Die Distriktspolizeibehörden werden sodann, veranlaßtenfalls im Einverständnis mit dem Vormundschaftsgericht und im Benehmen mit dem zuständigen Pfarramte, durch geeignete Belehrung der Erziehungsberechtigten darauf hinzuwirken suchen, daß das Kind in einer passenden Anstalt untergebracht oder sonst in zweckmäßiger Weise für seine Erziehung gesorgt wird. Unter Umständen kann auch die Anwendung der Vorschriften der §§ 1616 B.G.B., des Zwangs erziehungsgesetzes vom 10. 5. 1902 und des Art. 18 P.Str.G.B. in Frage kommen. Bezüglich der Taubstummen gilt die Min.Bek. vom 6. 3. 1902.

Die Zurückweisung wegen ungenügender geistiger oder körperlicher Entwicklung hat in der Regel auf die Dauer eines Schuljahres zu erfolgen. Dieses Schuljahr wird vorbehaltlich etwaiger späterer Dispensation auf die Dauer der Schulpflicht nicht angerechnet. Wenn also die betreffenden Kinder im darauffolgenden Schuljahre aufgenommen werden, so dauert ihre Schulpflicht von da an noch zehn Jahre.

Ist ein Kind zur Aufnahme in die Volksschule voraussichtlich dauernd untauglich, so kann seine Befreiung von der Verpflichtung zum Besuche der Volksschule sogleich für mehrere Jahre oder dauernd ausgesprochen werden. Diese Zeit ist alsdann auf die Erfüllung der Schulpflicht anzurechnen.

Wird der Aufenthalt eines Kindes, das in einer Gemeinde mit Frühjahrschulbeginn auf die Dauer eines Schuljahres zurückgewiesen wurde, während der nächsten Monate in eine Gemeinde mit Herbstschulbeginn verlegt oder umgekehrt, so ist die Wiederanmeldung des Kindes schon zu Beginn des nächsten Schuljahres in der neuen Aufenthaltsgemeinde gestattet.

Einem Gesuche der Erziehungsberechtigten um Zurückstellung eines schulpflichtigen Kindes auf die Dauer eines Schuljahres ist in der Regel Folge zu geben, wenn es gehörig begründet wird und ein Mißbrauch zum Nachteile des Kindes nicht zu befürchten steht. Für die freiwillige Zurückstellung gelten die gleichen Zuständigkeitsvorschriften wie für die Zurückweisung. Über die freiwillige Zurückstellung ist dem Erziehungsberechtigten eine Bescheinigung auszustellen, die bei der Wiederanmeldung des Kindes zur Schulaufnahme vorzulegen ist. Eine Zurückstellung auf mehr als ein Schuljahr ist nicht zulässig; eine solche für kürzere Dauer kann nur unter besonderen Verhältnissen gestattet werden. Eine Anrechnung der Zeit, für die die Zurückstellung erfolgt, auf die Dauer der Schulpflicht findet nicht statt. Um eine Zurückstellung handelt es sich nicht, wenn das Kind während des ersten Schuljahres nach Vollendung seines 6. Lebensjahres mit Erlaubnis der Distriktsschulbehörden ausreichenden Privatunterricht erhält. Dieser Privatunterricht vertritt alsdann den Besuch der Volksschule und ist auf die Erfüllung der Schulpflicht anzurechnen.

Wird die rechtzeitige Anmeldung eines in das Alter der Schulpflichtigkeit eintretenden Kindes versäumt, so ist der Erziehungsberechtigte durch den Lokalschulinspektor oder dessen Vertreter zur alsbaldigen Nachholung der Anmeldung aufzufordern. Leistet er dieser Aufforderung keine Folge und unterläßt er es, das Kind zur Erfüllung seiner Schulpflicht anzuhalten, so ist nach Maßgabe der V.O. v. 2. 9. 1886, die Behandlung der Versäumnisse des Besuchs der Schule und des öffentlichen Religionsunterrichts betreffend, gegen ihn zu verfahren und nötigenfalls Strafeinschreitung auf Grund des Art. 58 Abs. 1 des P.Str.G.B. herbeizuführen. Im übrigen ist den Vorschriften über die Anmeldung schulpflichtiger Kinder durch die zulässigen Ungehorsamsstrafen nötigenfalls der Vollzug zu sichern.

Die Unterlassung rechtzeitiger Anmeldung hat außerdem zur Folge, daß die Aufnahme des Kindes in die Werktagsschule nicht mehr verlangt werden kann, auch wenn die sonstigen Voraussetzungen erfüllt sind. Von der Befugnis zur Zurückweisung eines zu spät angemeldeten Kindes auf die Dauer eines Schuljahres ist aber in der Regel kein Gebrauch zu machen, wenn die Anmeldung aus entschuldbaren Gründen unterblieben und das Schuljahr noch nicht allzuweit vorgeschritten ist.

Die Entlassung aus der Werktagsschule erfolgt in der Regel nach siebenjährigem Schulbesuche. Diese Regel ist aber da nicht ganz ausreichend, wo es sich um Kinder handelt, die während ihrer Werktagsschulpflicht in Schulen mit anderer Einteilung des Schuljahres übergetreten sind. Deshalb ist bestimmt, daß sich der Termin für die Entlassung aus der Werktagsschule nicht nach jenem der Aufnahme des Kindes in die Volksschule bestimmt, so daß etwa ein Kind, das im Frühjahr in die Werktagsschule aufgenommen wurde, auf jeden Fall auch im Frühjahr zur Entlassung kommen müßte. Maßgebend ist vielmehr der Schluß des Schuljahres derjenigen Schule, in der sich das Kind während seines siebten Werktagschuljahres zuletzt befunden hat. Ist z. B. ein Kind in eine Landschule im rechtsrheinischen Bayern oder in eine Schule der Pfalz am 1. Mai 1902 aufgenommen worden, im Winter 1908/09 aber in eine Stadtschule mit Herbstschulbeginn im rechtsrheinischen Bayern übergetreten, so kommt es in dieser Schule nicht am 30. April 1909 zur Entlassung aus der Werktagschule, sondern erst im Sommer 1909 mit Schluß des Schuljahres dieser Schule. Ist umgekehrt ein Kind im Herbst 1902 in eine Stadtschule eingetreten, später aber in eine Landschule gekommen, so braucht es die Werktagschule in dieser Landschule nicht bis zum Sommer oder Herbst 1909 zu besuchen, wird vielmehr schon im Frühjahr 1909 mit den übrigen im siebten

Schuljahr stehenden Kindern dieser Schule am Schuljahresschlusse entlassen.

Voraussetzung für die Entlassung aus der Werktagsschule ist das erfolgreiche Bestehen einer Prüfung. Bezüglich der Anforderungen an die zu entlassenden Schüler soll vorzüglich auf die notwendigen Lehrgegenstände (Religion, Lesen, Schreiben, Rechnen) gesehen werden. Wenn auch die Erfüllung der gemeinnützigen Lehrgegenstände erwünscht werden muß, so können doch Schüler, welche sieben Jahre hindurch die Schule fleißig besucht haben, entlassen werden, »sofern sie wenigstens in den notwendigen Unterrichtsgegenständen hinreichend Genüge leisten.« Die Schlußprüfungen sind von den kgl. Distriktsschulinspektoren bei den ordentlichen Schulvisitationen vorzunehmen. Sie sind tunlichst vor dem regelmäßigen Schlusse des Schuljahres abzuhalten. jedenfalls nicht zu weit über denselben hinauszurücken. Der Besuch der Werktagsschule ist bis zum Schlusse des Schuljahres oder dem späteren Prüfungstermine fortzusetzen.

Erweisen sich Werktagsschulpflichtige bei der Schlußprüfung nicht als hinreichend unterrichtet, so kann die Verpflichtung zum Besuche der Werktagsschule auf die Dauer eines Schuljahres verlängert werden. Diese Vorschrift ist insoferne nicht zwingender Natur, als von der Befugnis zur Verlängerung der Werktagschulpflicht nicht Gebrauch gemacht werden m u ß. Es entscheidet vielmehr das Ermessen des zuständigen Distriktsschulinspektors, in unmittelbaren Städten des Stadtschulreferenten oder Stadtschulkommissärs, die gehalten sind, vorher das Gutachten des Lokalschulinspektors (Bezirksschulinspektors, Oberlehrers) und des beteiligten Klaßlehrers zu erholen. Dadurch ist die Möglichkeit gegeben, die Vorschrift des § 4 Abs. 2 der Schulpflichtordnung von 1903 vorzugsweise als eine Art Strafmittel gegenüber Schülern zur Anwendung zu bringen, deren ungenügende Leistungen auf Unfleiß zurückzuführen sind. Schüler, die das Ziel aus Mangel an Fähigkeiten nicht zu erreichen vermochten, können und sollen regelmäßig entlassen werden, wenn anzunehmen ist, daß auch das weitere Schuljahr ihre Kenntnisse nicht wesentlich zu vermehren imstande wäre.

Um dem Ermessen des zuständigen Schulaufsichtsbeamten noch einen weiteren Spielraum zu gewähren, ist auch die Möglichkeit vorgesehen, den Werktagsschulbesuch um weniger als ein ganzes Schuljahr zu verlängern. Unter die Zeitdauer eines Winter- oder Sommersemesters soll jedoch regelmäßig nicht heruntergegangen werden. Die kürzere Dauer kann überdies nachträglich zu einem ganzen Schuljahr verlängert werden, wovon besonders dann Gebrauch zu machen sein wird, wenn der Schulpflichtige während des ersten Semesters im Schulbesuche nachlässig war oder in disziplinärer Hinsicht zu ernsten Klagen Anlaß gegeben hat. Umgekehrt kann eine auf ein ganzes Schuljahr bemessene Nachfrist ausnahmsweise bei tadelfreier Führung nachträglich abgekürzt werden. Die nochmalige Ablegung einer Schlußprüfung kann in diesen Fällen vom Distriktsschulinspektor (Stadtschulreferenten etc.) erlassen werden. Der Distriktsschulinspektor kann auch den Lokalschulinspektor mit ihrer Vornahme betrauen.

Die Verlängerung des Werktagsschulbesuches wird auf die Dauer der Schulpflicht überhaupt und der Sonntagsschulpflicht im besonderen regelmäßig nicht angerechnet. Die Sonntagsschule ist also nach Ablauf des Nachschuljahres noch drei Jahre lang zu besuchen. Es ist aber nicht ausgeschlossen, daß die Anrechnung bei guter Führung und entsprechenden Fortschritten auf Ansuchen am Schlusse des zweiten Sonntagsschuljahres nachträglich genehmigt und der Schulpflichtige schon alsdann zur Entlassungsprüfung zugelassen werden kann. Dies kann namentlich dann am Platze sein, wenn es sich nicht um ein ganzes Nachschuljahr handelt, sondern nur um ein Semester, und der Schüler bei Nichtanrechnung desselben im Laufe eines Schuljahres aus der Sonntagsschule entlassen werden müßte.

Ist ein Kind an der Teilnahme bei der Schlußprüfung durch Krankheit oder andere zwingende Gründe verhindert gewesen, so kann die Entlassung aus der Werktagsschule ausnahmsweise auch ohne Schlußprüfung gestattet werden, wenn nach den während des letzten Schuljahres erlangten Noten kein Zweifel besteht, daß das Kind die erforderliche Reife besitzt. Andernfalls ist eine besondere Schlußprüfung abzuhalten, mit deren Vornahme auch der kgl. Lokalschulinspektor durch den Distriktsschulinspektor betraut werden kann.

Im Falle des schuldhaften Fernbleibens von der Schlußprüfung ist der Weiterbesuch der Werktagsschule bis zur Höchstdauer eines Schuljahres zu verfügen.

Bei der Entlassung aus der Werktagsschule ist ein Zeugnis auszustellen, das die Verordnung als »Schlußzeugnis« bezeichnet, während sie für das bei der Entlassung aus der Sonntagsschule zu erteilende Zeugnis den Ausdruck »Entlassungszeugnis« gebraucht.

Die Aushändigung der Schulzeugnisse hat am letzten Tage des Schuljahres zu geschehen. Sie können den Schülern selbst übergeben werden, sofern nicht ein Mißbrauch zu befürchten steht. Andernfalls sind sie auf dem einfachsten Wege den Erziehungsberechtigten zuzustellen.

Bei vorzeitiger Entlassung aus der Werktagsschule ist dies durch einen diesbezüglichen Vermerk im Schlußzeugnisse zum Ausdruck zu bringen. Dabei ist auch zu erwähnen, ob eine entsprechende Verlängerung der Sonntagsschulpflicht verfügt wurde. Bei den Schlußzeugnissen der besonderen achten Werktagsschulklasse ist am Schlusse anzugeben, ob die Verpflichtung zum Besuche der Sonntagsschule noch zwei Jahre oder nur ein Jahr dauert.

Der § 6 der Schulpflichtverordnung gewährt die Möglichkeit einer früheren Entlassung aus der Werktagsschule im Wege der Dispensation. Die Dispensation darf nur bei außerordentlichen Umständen erteilt werden; die frühere Entlassung muß immer die seltene Ausnahme bilden. Nur wirkliche Notfälle sollen getroffen werden. Die Dispensation darf außerdem nur unter der Voraussetzung des erfolgreichen Bestehens einer besonderen Schlußprüfung in sämtlichen Unterrichtsgegenständen der Werktagsschule mit Einschluß der Religion gewährt werden, bei der eine genügende Schulbildung nachzuweisen ist.

Für das Verfahren gelten folgende Vorschriften:

1. die Gesuche sind mit den erforderlichen Beilagen und Nachweisen bei der einschlägigen Ortsschulbehörde einzureichen und

2. von dieser der vorgesetzten Stadtschulkommission oder Distriktsschulinspektion vorzulegen,

3. die Stadtschulkommission und Distriktsschulinspektion und zwar letztere im vorschriftsmäßigen Benehmen mit dem Bezirksamt als Distriktspolizeibehörde, haben genau zu prüfen,

ob solche außerordentliche Verhältnisse gegeben sind, welche einen genügenden Grund zur ausnahmsweisen Befreiung von der vollständigen Erfüllung der gesetzlichen Schulpflicht bilden;

4. Mangelt es an dieser Voraussetzung, so ist das Gesuch sofort abschlägig zu bescheiden;

5. Erscheint aber das Gesuch in dieser Richtung als begründet, so ist das Schulkind einer besonderen Prüfung aus den sämtlichen Gegenständen der deutschen Werktagsschule von dem Schulkommissär resp. Stadtschulreferenten oder dem Distriktsschulinspektor in Anwesenheit des betr. Lehrers zu unterwerfen;

6. Wenn es die Prüfung zur Zufriedenheit besteht, kann die Dispensation erteilt und die Entlassung aus der Werktagsschule bewilligt werden;

7. Wenn es dagegen ungenügende Kenntnisse an den Tag legt, so ist unnachsichtlich auf der Vollendung der gesetzlichen Schulzeit zu bestehen.

Besonderer Erwähnung bedarf der Fall des Übertritts eines werktagsschulpflichtigen Kindes aus einer Schule mit Frühjahr-Schulbeginn in eine Stadtschule mit Herbst-Schulbeginn. Auch hier wird ein Gesuch um vorzeitige Entlassung aus der Werktagsschule mit Schluß des Wintersemesters in der Regel nur dann berücksichtigt werden dürfen, wenn Gründe vorliegen, die auch, abgesehen von dem früheren Eintritt in das erste Schuljahr und von der durch den späteren Übertritt in die Stadtschule bewirkten Verlängerung der Werktagsschulzeit eine Dispens rechtfertigen würden. Durch § 6 der Verordnung ist die Möglichkeit geboten, in Fällen, in denen sich die durch den Übertritt bedingte Verlängerung der Werktagsschulpflicht als eine unbillige Härte darstellt, ausnahmsweise im Dispenswege Abhilfe zu treffen. Unter Umständen wird es indessen genügen, diesen Ausgleich nicht durch frühere Entlassung aus der Werktagsschule, sondern gemäß § 11 der Verordnung durch eine frühere Entlassung aus der Sonntagsschule herbeizuführen.

Die auf dem Wege der Dispensation vorzeitig aus der Werktagsschule entlassenen Schüler werden sofort der Sonntagsschule zugewiesen.

Beschwerden gegen die Schulbehörden wegen verzögerter oder verweigerter Aushändigung des Schlußzeugnisses sind an die Kreisregierung als zweite und letzte Instanz zu richten. Schuldhafte Verzögerung der Entgegennahme des Schlußzeugnisses kann die förmliche Entlassung aus der Schule mit den Folgen auf strafrechtlichem Gebiete (Art. 56, 58 P.Str.G.B.) verzögern.

Für die Schlußzeugnisse kommen besondere Gebühren für die Exigenz der Schule etc. zur Erhebung. Diese Gebühren und die Art der Verwendung hat erforderlichenfalls die Kreisregierung mit Rücksicht auf die seitherige Übung an den einzelnen Orten zu bestimmen. Die Lösung der Schulschlußzeugnisse steht nicht in der Willkür der Eltern und dieselben können sich der dafür festgesetzten Zahlungen nicht entschlagen.

Die in das aktive Heer eingereihten Wehrpflichtigen haben bei den mit ihnen bezüglich ihrer Elementarkenntnisse veranstalteten Prüfungen ihre Schlußzeugnisse zur Einsicht durch die zur Abhaltung dieser Prüfung Berufenen vorzulegen, damit den vorkommenden Simulationen wirksam begegnet werden kann (Kriegsmin.E. v. 1. 3. 1872).

Nach der früheren Gesetzgebung war zur Verehelichung der Nachweis über Erfüllung der Schulpflicht durch Vorlage der Schlußzeugnisse und besonderer Religionszeugnisse über den Christenlehrbesuch zu liefern, ebenso wie die Aufnahme als Lehrling durch den Nachweis des Schulbesuchs bedingt war. Nach der neueren Gesetzgebung ist die Forderung solcher Ausweise zu den genannten Zwecken weggefallen.

Der Grundsatz der allgemeinen Schulpflicht ist in sämtlichen Staaten des Deutschen Reiches durchgeführt. Ihr unterliegen in erster Linie die Kinder der Staatsangehörigen. Auf Grund von Verträgen zwischen den einzelnen Bundesstaaten, mit Ausschluß von zwei Staaten, sind auch die Kinder von anderen Reichsangehörigen zum Schulbesuche verpflichtet. Über den Beginn der Schulpflicht in P r e u ß e n verordnet das Allg. Land-Recht, Teil 2, Titel 12 § 43: »Jeder Einwohner, welcher den nötigen Unterricht für seine Kinder in seinem Hause nicht besorgen kann oder will, ist schuldig, dieselben nach zurückgelegtem fünften Jahre zur Schule zu schicken« und in § 44 »Zurückstellung oder zeitweise Dispensation ist nur mit Genehmigung der Obrigkeit und des geistlichen Schulvorstehers angängig«. Denselben Grundgedanken spricht die Allerhöchste Kabinettsorder vom 14. Mai

1825 aus. Die M.E. vom 14. Januar 1862 ermächtigt die Verwaltungsbehörden allgemein »in Fällen des Bedürfnisses den Beginn der Schulpflicht auf ein späteres Lebensjahr hinauszurücken«.

Eine allgemein bindende Norm über den Beginn der Schulpflicht und die Dauer derselben ist für Preußen nicht erlassen; diese ist vielmehr in den einzelnen Regierungsbezirken verschieden geregelt. In den meisten Kreisen beginnt die Schulpflicht mit dem vollendeten 6. Lebensjahr und dauert bis zum vollendeten 14. Jahre. Die Bedingungen der Aufnahme in die Volksschule sind in Preußen die gleichen wie in Bayern; es können auch Kinder, die in der körperlichen oder geistigen Entwicklung zurückgeblieben sind, vom Eintritt in die Schule zurückgestellt oder auch vom Schulbesuche gänzlich dispensiert werden.

Die Entlassung aus der Volksschule erfolgt, wie in Bayern, in der Regel nach 7 jährigem Schulbesuche. Sie erfolgt in Verbindung mit einer angemessenen Schulfeierlichkeit und unter Überreichung von Entlassungszeugnissen. Sehen jedoch der Lokalschulinspektor und der Lehrer sich veranlaßt, die Entlassung wegen mangelnder Reife über diesen Termin hinaus zu verschieben, so ist nach einer vom Lehrer im Beisein des Lokalschulinspektors vorgenommenen Prüfung darüber zu entscheiden.

Dispensationen vom Schulbesuch vor dem gesetzlichen Entlassungstermin sind bei dem Lokalschulinspektor oder bei der mit der Schulaufsicht betrauten Ortsschulbehörde anzubringen, da nach dem Schulaufsichtsgesetz vom 11. März 1872 der Schulbesuch und seine Begrenzung in den Bereich der Schulaufsicht gehört.

Die einmal erfolgte Entlassung der Kinder, ob bestimmungsgemäß oder nicht, ist nach der Erkenntnis des Obertribunals vom 28. März 1878 eine endgültige, schließt also eine Bestrafung wegen Schulversäumnis aus. Denn, so heißt es, wenn auch die Aufsichtsorgane für die Befolgung der ihnen erteilten Anordnungen über Entlassung usw. der Staatsregierung verantwortlich bleiben, so ändert dies nichts an der Tatsache, daß die von ihnen nach gesetzlicher Befugnis angeordnete Entlassung zu Recht besteht und die Eltern bzw. Pfleger solchergestalt entlassener Kinder straflos macht.

Auch in den übrigen Bundesstaaten ist die Dauer der Volksschulpflicht verschieden geregelt. In Elsaß-Lothringen erstreckt sie sich vom 6. bis zum zurückgelegten 13. Jahre, in Württemberg und Lippe-Detmold vom 7. bis zum 14., in den übrigen Bundesstaaten vom 6. bis 14. Lebensjahr. In einzelnen Staaten, wie in Elsaß-Lothringen und Württemberg, ist die Entlassung aus der Volksschule von einer Abgangsprüfung abhängig. Geistig und sittlich nicht genügend reife Volksschüler können überall um ein Jahr länger, in Baden wenigstens die Knaben, in Württemberg sogar um zwei Jahre über die gesetzliche Schulpflicht hinaus in der Volksschule zurückbehalten werden. Manche der deutschen Staaten haben auch eine über das schulpflichtige Alter hinausgehende Verpflichtung zum Besuche von Fortbildungs-, Sonntag- und Feierabendschulen eingeführt. So verlangt Baden einen solchen Schulbesuch von den Knaben zwei Jahre lang, von den Mädchen ein Jahr; Bayern, Sachsen und Hessen fordern ihn drei Jahre hindurch; Württemberg hat das 18. Lebensjahr als Grenze hierfür festgesetzt; in Sachsen-Coburg-Gotha, Schwarzburg-Sondershausen und Waldeck (nur im Winter) besteht ein zweijähriger Kursus für Knaben, in Sachsen Meiningen (im Winter, in Städten auch im Sommer) für beide Geschlechter.

5. Ort der Erfüllung.

Zu dem Zwecke, die Erfüllung der Schulpflicht oder einen geordneten Schulbesuch zu ermöglichen und zu erleichtern, ist das ganze Land in Schulsprengel mit ein oder mehreren Schulen abgeteilt.

Der Schulsprengel richtet sich nach dem Gemeindesprengel, d. h. er soll regelmäßig denselben territorialen Umfang wie die politische Gemeinde haben. In der Regel soll nämlich jede Gemeinde wenigstens eine Volksschule besitzen und mit ihrer Markung einen Schulsprengel bilden (V.O. v. 26. 8. 1883). Es kann jedoch:

1. die Zusammenlegung mehrerer Gemeinden zu einem Schulsprengel mit einer gemeinsamen Schule aus erheblichen Gründen, namentlich bei geringer Schülerzahl und geringer Leistungsfähigkeit der Gemeinden, stattfinden (V.O. § 2),

2. die Abzweigung einzelner Gemeindebestandteile vom Gemeindeschulsprengel (Ausschulung) und deren Zuteilung zu einer anderen bereits bestehenden oder neu zu errichtenden Schule (Einschulung) teils wegen großer Entfernung und Beschwerlichkeit des Weges zur Gemeindeschule, teils wegen Überfüllung der Schule, teils aus konfessionellen Bedenken verfügt werden.

Solche über mehrere Gemeinden oder Teile von Gemeinden sich erstreckenden Schulsprengel nennt man kombinierte Schulsprengel.

In größeren Gemeinden mit mehreren Volksschulen ist der Schulsprengel in eine der Anzahl der Schulen entsprechende Zahl von Schulbezirken räumlich abzuteilen. Der jeder einzelnen

Schule innerhalb eines Schulsprengels zugewiesene territoriale Umfang wird demnach Schulbezirk genannt.

Der Schulsprengel bzw. Schulbezirk erstreckt sich, was die persönliche Zugehörigkeit oder den Schulverband betrifft, auf alle innerhalb seiner Grenzen wohnenden Familien ohne Unterschied des Glaubensbekenntnisses. Wenn jedoch in konfessionell gemischten Gemeinden gesonderte Schulen für die Angehörigen der verschiedenen Kirchengesellschaften bestehen, erstrecken sich die Bezirke der einzelnen Schulen nur auf die innerhalb derselben wohnenden Familien derjenigen Glaubensgesellschaft, für welche die betr. Schule errichtet ist. Streitigkeiten über die Zugehörigkeit zu einem bestimmten Schulverband gehören in letzter Instanz vor den Verwaltungsgerichtshof (V.G.G. Art. 10 Z. 17).

Bei Bildung neuer Schulsprengel ist in erster Linie neben den räumlichen Verhältnissen die Konfession der Schulpflichtigen entscheidend.

Das Wort »Schulsprengel« wird nicht nur zur Bezeichnung für den territorialen Umfang einer Schule oder die räumliche Ausdehnung eines Schulverbandes gebraucht, sondern dient auch zur Bezeichnung für die Gesamtheit der Schulverbandsangehörigen d. h. für die in dem territorialen Umfang einer Schulgemeinde gelegenen und in einem gemeinsamen Schulverband stehenden politischen Gemeinden oder Gemeindebruchteile. Für Schulsprengel in der letzteren Bedeutung wird sehr häufig auch in offiziellen Erlassen der Ausdruck »Schulgemeinde« gebraucht. Den Schulgemeinden oder Schulsprengeln kommt in Bayern nicht, wie den politischen Gemeinden, juristische Persönlichkeit zu. Sie sind keine Rechtssubjekte, sondern bloß administrative Verbände zu Schulzwecken. Soweit es sich um Rechtsfähigkeit handelt, kommen die betreffenden politischen Gemeinden in Betracht und erscheinen die betreffenden Gemeindeverwaltungen als Vertreter der Angelegenheiten der Schulen z. B. in Prozessen (vgl. Bl. f. adm. Verw. Bd. 42 S. 199, Krais, Handb. d. inn. Verw. 2. Aufl. Bd. 1 S. 345 ff.). In anderen Staaten dagegen, z. B. in Sachsen (vgl. sächs. Schulges. v. 26. 4. 1873) steht den Schulgemeinden das Recht der juristischen Persönlichkeit zu. Die im Alter der Schulpflichtigkeit stehenden Kinder haben, soweit sie nicht genehmigten Privatunterricht genießen oder bereits einer höheren Lehranstalt angehören, die Volksschule jenes Schulsprengels bzw. -bezirkes zu besuchen, dem sie vermöge ihres Aufenthaltes und an konfessionell gemischten mit gesonderten Konfessionsschulen zugleich vermöge ihrer Konfession nach den oben dargestellten allgemeinen Grundsätzen über die Schulsprengelverhältnisse angehören. Die Schulverbandszugehörigkeit richtet sich also nicht nach dem Geburts- oder Heimatsort, sondern nach dem Wohn- oder Aufenthaltsort, d. h. es ist der Schulpflicht an derjenigen Schule zu genügen, in deren Sprengel oder Bezirk das schulpflichtige Kind, sei es als Angehöriger einer Familie, Pflegling oder Mündel, sei es als Lehrling oder Dienstbote, sich aufhält (M.E. v. 8. 4. 1835). Über das Recht der Eltern, den Aufenthalt ihrer Kinder zu bestimmen, trifft das B.G.B. die einschlägige Bestimmung in § 1631. Ausnahmen von der Verpflichtung, die Schule des Aufenthaltssprengels zu besuchen, welche für einzelne Kinder aus erheblichen Gründen gewünscht werden, sind von der Genehmigung der Distriktsschulbehörden abhängig.[1])

Die Genehmigung der Kreisregierung aber ist erforderlich, wenn ein Schulkind in eine nichtbayerische Schule an der Grenze geschickt werden will, ferner, wenn die Eltern wegen konfessioneller Bedenken gegen die von ihren Kindern verordnungsmäßig zu besuchende allgemeine Volksschule mit einer benachbarten Volksschule ihrer Konfession in Schulverband treten wollen, in welchem Falle sie bloß an die letztere das Schulgeld zu entrichten haben. In anderen Fällen, wo ausnahmsweise der Besuch einer anderen als der nach dem Aufenthaltsorte treffenden Schule gestattet wird, ist das Schulgeld auch an die Schule des Aufenthaltsortes zu entrichten.

Wenn ein Schulkind, ohne Unterschied, ob es werktags- oder sonntagsschulpflichtig ist, behufs Eintritt in fremde Arbeit, Dienste, Lehre oder aus sonst irgendeinem Grunde, sei es allein, sei es mit seinen Eltern oder anderen Fürsorgern, seinen Aufenthalt in der

---

[1]) Nach oberstrichterlichem Erkenntnis vom 31. Oktober 1872 ist auf Eltern, welche ihre Kinder ungeachtet Verwarnung und Bestrafung durch die Ortsschulbehörde nicht in die Schule, in deren Sprengel sie wohnen, wohl aber in eine andere bayerische Elementarschule schicken, Art. 58.1 P.Str.G.B. nicht anwendbar, d. h. gerichtliche Strafeinschreitung gegen dieselben nicht statthaft.

Art ändert, daß es in einen fremden Schulsprengel übergeht, so hat die Lokalschulinspektion des bisherigen Aufenthaltsortes, sobald sie von der Wohnsitzveränderung des Kindes von den Angehörigen des Kindes oder auf anderem Wege Mitteilung erhält, unverweilt an das abgehende Kind einen Schulüberweisungsschein auszufertigen und der einschlägigen Lokalschulinspektion bzw. in unmittelbaren Städten der Stadtschulkommission des fremden Schulortes auf amtlichem Wege unmittelbar zu übersenden. Die letztere hat das einwandernde Schulkind sogleich in das Schülerverzeichnis eintragen zu lassen und wie die einheimischen Schulpflichtigen zu unausgesetztem Schulbesuch anzuhalten. Bei dem Verzug des Schulkindes in einen außerbayerischen Staat fällt der Überweisungsschein weg; jedoch können auf Verlangen der Angehörigen Zeugnisse über den inländischen Schulbesuch ausgefertigt werden.

Damit die Lokalschulinspektionen jederzeit die notwendige Mitteilung über alle Wohnsitzveränderungen von Schulpflichtigen erhalten und hiernach die Schülerverzeichnisse berichtigen und den Schulbesuch gehörig überwachen können, sind die Ortspolizeibehörden, welche durch Austeilung von Heimatschein, Dienstbotenbüchern oder auf sonstigem Wege von solchem Vorhaben in der Regel zunächst Kenntnis erhalten, angewiesen, von jeder Aufenthaltsveränderung eines Werktags- oder Feiertagsschulpflichtigen oder der ernstlich kundgegebenen Absicht hierzu und zwar wie von dem Abgange so auch vom Zugange und der Rückkehr eines solchen die einschlägige Lokalschulinspektion sofort in Kenntnis zu setzen. Eine gleiche Anzeigepflicht liegt dem Lehrer ob, sobald er durch das Wegbleiben eines Schulpflichtigen von der Schule Kenntnis über eine Aufenthaltsveränderung erlangt. Auch sollen die Lokalschulbehörden des zeitweisen Aufenthaltsortes der Schulpflichtigen von einer allenfallsigen weiteren Aufenthaltsänderung derselben den Lokalschulbehörden ihrer Heimatgemeinde Mitteilung machen.

Wenn Schulpflichtige nach Veränderung ihres Wohnsitzes als zum Schulbesuch einer Schule verpflichtet angezeigt werden oder sich selbst anmelden, so müssen sie sofort auch dann in diese Schule aufgenommen werden, wenn ein diesbezüglicher Überweisungsschein noch nicht an die zuständige Lokalschulinspektion gelangt ist. Letztere hat in einem solchen Falle, nachdem sie sich Gewißheit darüber verschafft hat, aus welcher Schule der betr. Schulpflichtige ausgetreten ist, die einschlägige Lokalschulinspektion ungesäumt um Mitteilung des Überweisungsscheines anzugehen. Wenn ein mittels Überweisungsscheines von auswärts überwiesener Schüler sich innerhalb der nächsten Tage nicht zum Schuleintritt angemeldet hat und auch die von der Lokalschulinspektion durch die Ortspolizeibehörde veranlaßte Aufenthaltsnachforschung ohne Erfolg geblieben ist, so ist unter Bekanntgabe dieses Verhältnisses der Überweisungsschein an die Lokalschulinspektion des Überweisungsortes behufs weiterer Recherchen zurückzusenden.

Im Falle beabsichtigter Rückkehr in die frühere Schule ist gleichfalls ein Zeugnis der Schulbehörde des inzwischen gewählten Aufenthaltsortes über vorschriftsmäßigen Besuch der dortigen Schule zu erbringen resp. ein Überweisungsschein zu übersenden. Das gleiche gilt von jeder weiteren Aufenthaltsänderung, mit welcher ein Übertritt in einen anderen Schulsprengel verbunden ist.

Die Lokalschulinspektionen sollen ein eigenes Verzeichnis der in einen anderen Schulsprengel übergehenden und der aus einem anderen Schulsprengel in den ihrigen befindlichen Kinder halten und haben über das Verdingen der Kinder in dem an die Distriktsschulinspektion zu übergebenden Nachweise Aufschluß zu geben.

Besonders genau detaillierte Bestimmungen sind in Oberfranken und Niederbayern erlassen, die aber für das Verständnis nicht von Belang sind.

Dieselben Grundsätze wie in Bayern gelten im allgemeinen auch für Preußen. Nach einer M.E. vom 21. 1. 1882 sind die Kinder nicht nur am Wohnsitz der Eltern, sondern auch da, wo sie im schulpflichtigen Alter »ihren regelmäßigen Aufenthalt haben«, zum Schulbesuch berechtigt. Die gastweise Benutzung einer Schule ist bei deren Vorstande zu beantragen und nur dann unzulässig, wenn die betr. Anstalt zu weit oder in einem fremden Verwaltungsbezirke liegt. »Die Schulaufsichtsbehörden haben nur darauf zu sehen, daß die Kinder den notwendigen Unterricht wirklich empfangen«. M.E. vom 24. 9. 1870; denn »der Schulzwang enthält nur eine eventuelle Nötigung zur Benutzung der öffentlichen Schule, eine Nötigung zum Besuch einer bestimmten öffentlichen Schule aber nicht«. Gemäß A.L.R. 2, 12 § 10 darf niemandem wegen Verschiedenheit des Glaubensbekenntnisses der Zutritt zu öffentlichen Schulen versagt werden. Dementsprechend bestätigt M.E. vom 29. 11. 1861 die freie Wahl der Schule unabhängig von der Konfession der Eltern. Wo dagegen die gesetzlichen Autoritäten inbetreff der konfessionellen Erziehung der Kinder (Eltern, Vormundschaftsgericht) in ihrer freien Entschließung hinsichtlich des Schulbesuches und der Erziehung ihrer Kinder, wie es durch die kurhessische Verordnung vom 13. 4. 1853 der Fall ist, gehemmt sein sollten, ist es nicht Sache der Schulaufsichtsbehörde, sondern Aufgabe der Gerichte für die Aufrechterhaltung solcher Beschränkungen zu sorgen (M.E. v. 24. 9. 1870).

Auch in Preußen gilt der Grundsatz, daß die Grenzen der Schulgemeinde mit denen der politischen in der Regel zusammenzulegen sind und nur aus gewichtigen, im öffentlichen Interesse liegenden Gründen ist hiervon abzuweichen. Als Voraussetzung der Mitgliedschaft einer Schulgemeinde gilt

1. der Wohnsitz im Schulbezirk,

2. bei konfessionellen Schulgemeinden die Angehörigkeit zu einem bestimmten Religionsbekenntnis.

Der Schulbezirk bildet den Umfang der Schulgemeinschaft und wird nach § 18 Lit. k der Regierungsinstruktion vom 23. Okt. 1817 und § 49 des Zuständigkeitsgesetzes vom 1. August 1883 von der Schulaufsichtsbehörde abgegrenzt und organisiert. Im Verwaltungsstreitverfahren kann zwar der Schule als einem »selbständigen Rechtssubjekt« ein Mandatar von Amtswegen bestellt werden (M.E. v. 7. 11. 1881), nicht aber einer Schulgemeinde.

Die Verwaltung der in Schulgemeinschaften befindlichen Schulanstalten wird teils von den Organen der betr. Sozietät oder der politischen Gemeinde, teils von besonderen zu diesem Zwecke geschaffenen Behörden geführt und zwar in Städten von den nach der Instruktion vom 26. Juni 1811 gebildeten Schuldeputationen, auf dem Lande von den nach der Instruktion vom 28. Oktober 1812 angeordneten Schulvorständen. Die Verwaltungstätigkeit dieser Organe bzw. Behörden besteht in der Aufsicht über die äußere Verwaltung der Schule, der Verwaltung des Schulvermögens, der Aufstellung des Etats, der Ausschreibung und Erhebung der Schulbeiträge sowie der Entscheidung über etwaige

Reklamationen. Entscheidung des Oberverwaltungsgerichts vom 19. 9. 1876: Die Schulvorstände werden von der Gemeinde gewählt oder von der Obrigkeit bestellt. Ihr Amt ist ein Ehrenamt, zu dessen Annahme jedes Mitglied der Schulgemeinde verpflichtet ist.

Die sämtlichen hier aufgestellten Grundsätze über den Ort der Erfüllung der Schulpflicht, über die Einteilung des Landes in Schulgemeinden und -Sprengel und deren Verwaltung gelten im allgemeinen auch für alle übrigen deutschen Bundesstaaten. Zudem sind noch besondere Staatsverträge über Durchführung der Schulpflicht zwischen einer Reihe von Bundesstaaten abgeschlossen worden. Die kgl. preußische Regierung ist mit den Regierungen der Bundesstaaten Sachsen, Württemberg, Baden, Hessen, Mecklenburg-Schwerin, Sachsen-Weimar, Mecklenburg-Strelitz, Oldenburg, Sachsen-Meiningen, Sachsen-Altenburg, Sachsen-Coburg-Gotha, Anhalt, Schwarzburg-Rudolstadt, Schwarzburg-Sondershausen, Reuß ält. Linie, Reuß jüng. Linie, Schaumburg-Lippe, Lippe, Lübeck, Bremen, Hamburg und Elsaß-Lothringen dahin übereingekommen, »daß die dem preußischen Staate angehörigen Kinder, welche sich in einem der bezeichneten Staaten aufhalten und die einem der letzteren angehörigen Kinder, welche sich im preußischen Staate aufhalten, nach Maßgabe der im Lande des Aufenthalts bestehenden Gesetze wie Inländer zum Besuche der Schule herangezogen werden sollen;

»daß diese Nötigung zum Besuche der Schule sich nicht nur auf die eigentliche Elementarschule (Volksschule), sondern, wo daneben eine sog. Sonntags- oder Fortbildungsschule mit obligatorischem Charakter besteht, auch auf diese erstrecke;

»daß jedoch Kinder, welche sich durch ein Zeugnis der zuständigen heimischen Schulbehörde (-Organe) darüber ausweisen, daß sie der Schulpflicht, wie sie nach der Gesetzgebung ihrer Heimat normiert ist, vollständig Genüge geleistet haben, von fernerem Schulbesuch zu entbinden sind, auch wenn das am Orte ihres Aufenthaltes geltende Gesetz eine größere Ausdehnung des obligatorischen Unterrichts vorschreibt«. Desgleichen sind auf Grund von Vereinbarungen zwischen der bayerischen und hessischen Staatsregierung den beiderseitigen Schulministerien nunmehr neue Bestimmungen getroffen worden, die geeignet sind, dem bisher herrschenden Wirrwarr über die Schulpflicht bayerischer Kinder in Hessen ein Ende zu machen, zum Vorteile der Schuljugend und der Schule. Es ist danach bestimmt: Kinder bayerischer Staatsangehöriger können fortan in Hessen nicht mehr zum Besuche der Volksschule angehalten werden, wenn sie vor ihrem Verzuge nach Hessen in ihrer Heimatgemeinde in Bayern nach vollendeten sieben Schuljahren ordnungsmäßig aus ihrer Heimatschule entlassen worden sind. Solche Kinder dagegen, die vor vollendeter Volksschulpflicht aus Bayern nach Hessen übersiedeln, sind wie hessische Kinder noch schulpflichtig und haben dann einer achtjährigen Schulpflicht zu genügen. Knaben, die in Bayern ihrer Volksschulpflicht voll genügt haben, sind in Hessen drei Jahre zur Fortbildungsschule heranzuziehen.

Die Abgrenzung der Schulbezirke (Schulsprengel u. dgl.) ist in der Regel Sache der Schulaufsichtsbehörde und pflegt sich, der Natur der Volksschule entsprechend, den politischen Gemeinden, Ortschaften etc. anzuschließen. Die Dichtigkeit der Bevölkerung, konfessionelle Verhältnisse u. a. begründen mancherlei Ausnahmen von der Regel. In Württemberg, Baden, Hessen, Sachsen-Coburg-Gotha, Braunschweig und Schwarzburg-Sondershausen soll grundsätzlich jede Gemeinde eine Volksschule haben. Beide Mecklenburg, Oldenburg, Brauschweig, Sachsen und Württemberg kennen Volksschulen nur als Konfessionsschulen; in Hessen ist die gemeinsame Schule (die paritätische) die Regel; Ausnahmen sind unter Zustimmung der politischen Gemeinden und der Schulvorstände zugelassen. Die Trennung von paritätischen Schulen in konfessionelle ist wie in Bayern auch in Baden nach 10 jährigem Bestehen einer Anstalt angängig, die konfessionelle Mischung hier aber nicht, wie in Bayern, von kirchlicher Genehmigung abhängig; jedoch kann die konfessionelle Minderheit, wenn sie drei Jahre hindurch über 20 Kinder oder ebensoviel wie die Mehrheit gestellt, die Errichtung einer besonderen Konfessionsschule fordern.

6. Art der Erfüllung.

In bezug auf Beginn und Schluß des Schuljahres an Volksschulen ist in den allgemeinen Schulnormen die Regel aufgestellt, daß die Aufnahme in die Werktagsschule und somit der Anfang des Schuljahres für die Schulen auf dem Lande und für die protestantischen Stadtschulen mit dem Beginn des Sommersemesters (Mai), für die katholischen Stadtschulen mit dem Beginn des Wintersemesters stattfinden soll, so daß hiernach das Ende des Schuljahres und die Schulentlassung für die ersteren Schulen auf den Beginn des Wintersemesters, für die letzteren auf den Beginn des Sommersemesters fällt. Es können jedoch die Kreisregierungen rechts des Rheins an den protestantischen Stadtschulen den Beginn des Schuljahres und die Aufnahme der Schüler auf den Anfang des Wintersemesters, den Schluß des Schuljahres und die Schulentlassung auf das Ende des Sommersemesters verlegen, wenn dies von dem betr. Stadtmagistrate im Einverständnis mit den Gemeindebevollmächtigten und nach Vernehmung der Ortsschulbehörden beantragt wird. In der Pfalz aber findet jetzt an sämtlichen Volksschulen der Anfang des Schuljahrs und die Aufnahme der Schüler mit dem Beginn des Sommersemesters am 1. Mai, der Schluß des Schuljahres und die Schulentlassung mit dem Ende des Wintersemesters am 30. April statt.

Die Schulferien, deren Umfang in den allgemeinen Schulnormen auf acht Wochen festgesetzt ist, sollen für die Landschulen auf das Sommerhalbjahr verlegt werden, damit der Winterschule volle sechs Monate erhalten werden und sind so anzuordnen, daß wenigstens der größte Teil auf den Zeitraum trifft, wo die strengste Feldarbeit eintritt und die Eltern der Beihilfe ihrer Kinder am meisten bedürfen. Eine allgemeine Festsetzung der Ferienzeit auf dem Lande und auch des Beginns der Winterschule ist wegen der Verschiedenheit der Gegenden, der Art des Feldbaues und des Eintritts der Ernte nicht getroffen. Es ist vielmehr angeordnet, daß die Ordnung hierfür distriktsweise nach dem Gutachten der Lokal- und Distriktsschulinspektoren durch die Kreisregierung bestimmt werden soll. Wie und so lange eine solche Festsetzung der Schulferien nach Schuldistrikten nicht erfolgt ist, steht es der Lokalschulinspektion zu über schickliche Verlegung derselben — so viel als möglich nach den Bedürfnissen der Eltern — Bestimmungen zu treffen. Nähere Vorschriften über Beginn und Ende des Schuljahres und der Schulferien wurden für die einzelnen Regierungsbezirke erlassen durch Regierungsentschließungen.

Während des Schuljahres soll — selbstverständlich mit Ausnahme der Sonn- und Feiertage und der politischen Festtage — die Werktagsschule täglich ohne Unterbrechung von den Schulpflichtigen besucht und für dieselben vorschriftsmäßiger Unterricht erteilt werden, soweit nicht eine Ausnahme durch die Wochenvakanz begründet ist oder außerdem gewisse Tage als schulfrei anerkannt sind. Die schulfreien Tage und Feiertage sind in den einzelnen Regierungsbezirken entsprechend der Art und konfessionsweisen Zusammensetzung der Bevölkerung gesondert geregelt. Während in der Pfalz im allgemeinen an katholischen Kirchenfesten — mit Ausnahme der drei großen — der Unterricht nicht unterbrochen wird, werden im rechtsrheinischen Bayern eine ganze Reihe solcher Tage gefeiert und der Unterricht an diesen Tagen ausgesetzt; doch macht sich erfreulicherweise jetzt auch in Bayern rechts des Rheins das Streben bemerkbar, diese Feiertage auf Sonntage zu verlegen.

Die Wochenvakanz besteht entweder in einem ganzen Tag oder in zwei Nachmittagen, welche in jeder Woche des Schuljahres und zwar auch in jenen Wochen freizugeben sind, in welchen außer dem Sonntage an einem Wochentage ein Feiertag fällt, sofern dieser nicht selbst auf einen Vakanztag trifft. Wegen der verschiedenen lokalen Verhältnisse der einzelnen Schulen ist eine allgemein bindende Norm darüber, ob in jeder Woche ein ganzer Tag oder zwei Nachmittage freizugeben sind, nicht getroffen; es ist vielmehr im allgemeinen für Landschulen, zumal wenn ihr Sprengel sich weit über den Schulort hinaus erstreckt, die Benützung eines ganzen Wochenvakanztages, wobei die Kinder des besonders im Winter oft sehr beschwerlichen Weges in die Schule eines halben Tages wegen überhoben werden und den Eltern die Möglichkeit gegeben wird, dieselben während eines Tages in der Woche zu kleinen ländlichen Arbeiten zu verwenden, für Stadtschulen dagegen die Beibehaltung der fast überall üblichen zwei halben Vakanztage in der Woche als zweckmäßiger erklärt (M.E. v. 13. 4. 1854). Die Art der Wochenvakanz, ob ein ganzer oder zwei halbe Tage und welcher Tag, ist in den einzelnen Regierungsbezirken durch Regierungsentschließungen geregelt.

Als regelmäßige Schulzeit werden gewöhnlich fünf Stunden (drei Vormittags- und zwei Nachmittagsstunden) angenommen; eine ausdrückliche Norm darüber besteht nicht. In der Schulverordnung vom 8. August 1778, § 13, wurden vier ordentliche tägliche Schulstunden festgesetzt. In der M.E. vom 25. 7. 1810 aber wurden für die Winterschule auf dem Lande täglich fünf Stunden angenommen, woraufhin auch in den Städten diese tägliche Stundenzahl als Norm betrachtet wird.

In den Städten und Märkten, wo nicht besondere Umstände eine Ausnahme fordern, ist der Schulunterricht gleich und regelmäßig zu geben. Auf dem Lande dagegen ist vom 1. Mai an eine abgekürzte Sommerschule zu dem Zweck gestattet, damit der größere Teil des Tages zur Arbeit freigelassen und so die älteren Kinder den Eltern zur Unterstützung in der Feldarbeit überlassen und auch den Schullehrern, welche meist mit Dienstgründen versehen sind, zum Betrieb ihrer Landwirtschaft einige Erleichterung gegeben werde. Will eine Landschulgemeinde auf die in der Sommerschule gewährte Vergünstigung verzichten, so steht dem Lehrer zwar kein gesetzlicher Anspruch auf eine entsprechende Gehaltsmehrung für die hierdurch vermehrte Arbeitslast zu, wohl aber sprechen Billigkeitsgründe für die Gewährung einer angemessenen Renumeration. Nach einer M.E. vom 25. 8. 1810 ist die Sommerschule täglich morgens von 6 bis 8 Uhr zu halten und da bei größerer Schülerzahl diese täglichen zwei Stunden nicht genügen würden, soll in jenen Landschulen, wo ein Lehrer eine überhäufte Schule hat, die Einrichtung getroffen werden, daß jene zwei Stunden den alten Schülern allein bestimmt, die Anfänger aber in einer noch hinzuzufügenden dritten Stunde besonders unterrichtet werden. Genaue Bestimmungen über die Art und Weise der Einrichtung der Sommerschule und der Verteilung der Schulstunden sind enthalten in Regierungsentschließungen der einzelnen Kreisregierungen.

In die normale Schulzeit darf der praktische Unterricht in der Obstbaumzucht im Schulgarten, der Unterricht in den weiblichen Handarbeiten und im Turnen nicht mit eingerechnet werden, ebenso nicht der Unterricht im Zeichnen, wo derselbe den allgemeinen Normen gemäß fakultativ ist, wie z. B. in Unterfranken. Es müssen übrigens Schüler, welche sich zum Unterricht an nicht obligatorischen Lehrgegenständen zu Beginn des Schuljahres gemeldet haben, denselben ebenso regelmäßig wie die übrigen Lehrstunden bei Vermeidung entsprechender Schulstrafen besuchen und ist ihnen ein Austritt unter dem Schuljahr ohne Genehmigung des Schulinspektors nicht gestattet. Für den Unterricht in den genannten Gegenständen sind entweder die Wochenvakanztage zu verwenden oder an Schultagen die Schulzeiten entsprechend zu verlängern; das nähere hierüber ist von der Lokalschulbehörde mit Zustimmung der Distriktsschulinspektion festzusetzen.

Während der heißen Jahreszeit können die Ortsschulbehörden an denjenigen Tagen, an welchen die Tagestemperatur 22 Grad Celsius im Schatten erreicht, unter genauer Berücksichtigung der lokalen und sonstigen besonderen Verhältnisse den Schulunterricht auf die Vormittagszeit beschränken (M.E. v. 24. 5. 1868.) In der Pfalz sind die Bezirksämter befugt, bei besonders strenger Winterkälte die Aussetzung oder Beschränkung des Schulunterrichts unter Berücksichtigung der lokalen und sonstigen besonderen Verhältnisse zu gestatten (Pfälz. Schul- und Lehrordnung v. 31. 5. 1884 § 7). Ähnliche Bestimmungen bestehen für Unterfranken, Niederbayern, Oberpfalz.

Eine Abweichung von der regelmäßigen Schulstundenzahl und zwar für den Schüler eine Minderung, für den Lehrer eine Mehrung derselben, wird manchmal durch den Notstand der sog. Halbschule (Halbtagsschule) veranlaßt, indem die Schulkinder bei übergroßer Anzahl oder wegen Überfüllung der Schule oder wegen Mangels an Lehrkräften in zwei Abteilungen geschieden werden und gewöhnlich für die eine Abteilung vormittags, für die andere nachmittags Unterricht erteilt wird. In der Regel ist dieser Abteilungsunterricht verboten und es soll dieser Mißstand, wo er vorhanden ist, durch Mehrung des Lehrpersonals, durch Erweiterung der Schullokalitäten, Umbildung der Schulsprengel, der Errichtung neuer Schulen nach Art des Schuldotationsgesetzes von 1902 abgestellt werden. Wo freilich eine solche Abhilfe noch nicht erreicht ist, muß in besonders dringenden Fällen vom Verbot der Halbschule Umgang genommen werden; auch wird nicht unbedingt und in allen Fällen ein zweimaliger Schulbesuch gefordert, sondern es kann bei ausgedehnten Schulsprengeln und bei ungünstigen Wegverhältnissen besonders im Winter, ein einmaliger, wenigstens dreistündiger Schulbesuch als ausreichend erachtet werden. Das nähere hat bezüglich des Abteilungsunterrichtes die Kreisregierung nach Lage der Umstände anzuordnen (M.E. v. 16. 12. 1862 und v. 17. 5. 1863, v. 19. 10. 1875 und v. 3. 6. 1876). Dem Lehrer gebührt für die durch den Abteilungsunterricht vermehrte Arbeit ein angemessenes Honorar. Die näheren Bestimmungen über Art und Weise der Einrichtung des Abteilungsunterrichtes sind in den Regierungsentschließungen für die einzelnen Kreise getroffen.

Unterbrechungen oder Aussetzungen des Schulunterrichtes während der vorschriftsmäßigen Schulzeit sind sorgfältig zu vermeiden und, wenn solche ohne genügende Ursachen (wie plötzliche Krankheit oder sonstige Notstandsfälle, die jedoch sobald als möglich dem Lokalschulinspektor anzuzeigen sind) vorkommen, durch die höhere Schulbehörde sogleich zu rügen und nach Umständen höheren Orts zur Anzeige zu bringen, da es den Lehrern nicht erlaubt ist, eigenmächtig besondere Freistunden oder Feiertage zu geben. In außerordentlichen dringenden Fällen, welche zur Aussetzung des Schulunterrichts Anlaß geben, ist Anzeige bei der Lokalschulinspektion zu machen und von derselben die Erlaubnis nachzusuchen, welche ohne triftige Gründe nicht zu erteilen ist; auch eine sog. Hitzvakanz kann der Lehrer nicht in eigener Kompetenz eintreten lassen. Zur Aussetzung des Unterrichts während einer Volksmission ist die Ortsschulbehörde nicht zuständig, sondern die Erlaubnis der Kreisregierung erforderlich (V.O. v. 17. 5. 1871).

Zum Zwecke tunlichster Verhütung von Unterbrechungen der Schulstunden soll besonders von seiten des Pfarrklerus dahin getrachtet werden, Kollissionen zwischen der Gottesdienst- und der Schulordnung so viel als möglich zu vermeiden, und es werden solche bei gutem Willen durch Anberaumung und mögliche Verlegung von Gottesdiensten auf eine dem Schulunterricht nicht hinderliche Zeit sich wohl auch vermeiden lassen.

Bei unvermeidlicher Verkürzung der Schulstunden durch kirchendienstliche Verrichtungen eines zugleich einen Kirchendienst versehenden Lehrers ist nach den Schulerlassen mehrerer Kreisregierungen die ausfallende Unterrichtszeit durch entsprechende Verlängerung des Unterrichts am nämlichen Tage oder an folgenden Tagen, nötigenfalls unter Benützung des Wochenvakanztages, hereinzubringen. Ist mit einer Schulstelle ein Kirchendienst nicht förmlich vereinigt, so darf überhaupt eine Störung der Unterrichtszeit infolge stattfindender Gottesdienste oder kirchlicher Verrichtungen nie Platz greifen und dürfen namentlich Werktagsschüler zum Ministrieren nicht (so in Schwaben) oder nur in ganz besonders dringenden Fällen (so in Unterfranken, Pfalz, Niederbayern, Mittelfranken) verwendet werden. Auch die aus anderen Ursachen ausfallenden Schulstunden sind nach mehreren Kreiserlassen nachzuholen.

In Preußen erfolgt die Aufnahme neuer Schüler in die Volksschule zumeist um Ostern. Die Entlassung darf »in der Regel« nur zweimal und zwar unmittelbar vor dem Beginn der Oster- und Ernteferien stattfinden. Im ersteren Termin sind alle diejenigen Schüler zu entlassen, welche um Ostern, im letzteren die, welche vor dem 15. Oktober das 14. Lebensjahr vollenden.

Sommer- und Herbstferien dürfen zusammen nicht länger als sechs Wochen dauern (M.E. v. 7. 4. 1873). Die Verteilung dieser Zeit auf die einzelnen Termine hat die Regierung vorzunehmen. Den Anfang der Sommerferien bestimmt gewöhnlich die Regierung, ausnahmsweise und bei besonderen Umständen der Landrat mit dem Kreisschulinspektor. Die Herbstferien sind mit Rücksicht auf die Verschiedenheit der wirtschaftlichen und klimatischen Verhältnisse selbst kleinerer Kreise von dem Lokalschulinspektor im Verein mit dem Schulvorstande festzusetzen.

Ohne wesentliche Abweichung finden sich die in diesem Abschnitt dargestellten Grundsätze und Regeln in den Volksschulrechten aller deutschen Bundesstaaten, so daß eine Darstellung desselben sich von selbst erübrigt.

---

7. Art der Erzwingung.

Die Wachsamkeit über fleißigen und ordentlichen Schulbesuch ist eine Hauptobliegenheit der Lokalschulinspektion. Diese resp. der Lokalschulinspektor hat nicht nur darauf zu sehen, daß alle Kinder des betr. Schulsprengels oder -Bezirks, welche das Alter der Schulpflichtigkeit erreicht haben, zur Schule geschickt werden und vor der verordnungsmäßigen Entlassungszeit nicht aus der Schule wegbleiben, zu welchem Behufe der Inspektor insbesondere die über die Schulüberweisungen bestehenden Vorschriften* (vgl. Abschnitt 5) genau zu beachten hat, sondern er hat auch darauf zu sehen, daß die Kinder die Schulstunden ununterbrochen besuchen und immer zur rechten Zeit sich in der Schule einfinden.

Über alle Schulpflichtigen hat der Lokalschulinspektor ein genaues Verzeichnis zu halten und durch Eintragung der vorkommenden Änderungen stets evident zu halten. Hierbei ist darauf zu achten, daß außereheliche Kinder nur den Geschlechtsnamen ihrer Mutter führen dürfen, außer sie hätten zur Benennung nach dem Namen ihres natürlichen Vaters die landesherrliche Bewilligung erlangt oder wären durch nachfolgende Ehe legitimiert worden (M.E. v. 2. 7. 1848). Am Anfang eines jeden Schuljahres hat er dem Lehrer ein Verzeichnis der neu eintretenden schulpflichtigen Kinder auszufertigen, die während des Schuljahres (durch Verdingen oder sonstige Wohnsitzänderung) sich ergebenden Veränderungen ihm mitzuteilen, ihn zur pünktlichen Aufzeichnung der Schulversäumnisse und des unordentlichen Schulbesuches sowie zur monatlichen Vorlage derselben behufs Vornahme der vorgeschriebenen Einschreitungen dagegen anzuhalten (vgl. Abschnitt 5) und für seinerzeitige Hinterlegung der Originalverzeichnisse (Matrikel) der schulpflichtigen Kinder in dem Archiv (der Registratur) der Schule Sorge zu tragen (M.E. v. 13. 7. 1862). Besondere Vorschriften über die Art der Führung der Schulhandlisten bestehen in Niederbayern und der Pfalz.

An jeder deutschen Werktags- und Sonntagsschule und ebenso an jeder die Sonntagsschule vertretenden Fortbildungsschule sind von dem Lehrer Absentenlisten oder Verzeichnisse über die im Laufe eines Monats sich ergebenden Versäumnisse in bezug auf den Besuch der Schule und des öffentlichen Religionsunterrichtes nach dem hierfür in dem betreffenden Regierungsbezirk vorgeschriebenen Formular zu führen (V.O. v. 2. 9. 1886).[1]

Zu diesem Zweck hat der Lehrer in jeder Schulzeit bald nach Beginn der Schule die anwesenden Schüler mittels des Schülerverzeichnisses zu kontrollieren, nach Beendigung der Schulzeit die Einträge in die Absentenliste unter genauer Berücksichtigung der entschuldigten und der nicht entschuldigten Versäumnisse vorzunehmen und in die betr. Rubrik sein Gutachten über die Glaubwürdigkeit der Entschuldigung und seine Bemerkungen über die Ursachen der nicht entschuldigten Versäumnisse und über frühere Bestrafung gewissenhaft beizufügen um dadurch Anhaltspunkte für die Beurteilung des Verschuldens zu geben. Die Versäumnisse sind nach halben Schultagen einzutragen, weil diese als geschlossene Schulzeit anzunehmen sind, so daß ein Versäumnis des halben Schultages als ein selbständiges und, wenn Verschulden vorliegt, als ein für sich strafbares Versäumnis und die Versäumnis der Vor- und Nachmittagsschule als ein zweifaches Versäumnis gilt. Auch sind die Versäumnisse der Sommerschule auf dem Lande ebenso wie die Versäumnisse der Winterschule zu behandeln, zu beaufsichtigen, anzurechnen und zu bestrafen.

Wo die Sonntagsschule der Zeit nach nicht unmittelbar mit dem öffentlichen Religionsunterricht verbunden ist, also zweierlei Versäumnisse vorkommen können, hat, falls nicht der Lehrer bei der Christenlehre anwesend ist und den Besuch kontrolliert,

---

[1]) Die Hauptnormen über die Behandlung der Schulversäumnisse sind in Art. 58 P.St.G.B. und V.O. vom 2. September 1886, nebst M.E. vom 13. Juli 1873 enthalten. Außerdem kommen noch zur Anwendung einige Regierungsentschließungen sowie ein oberstrichterliches Urteil vom 10. November 1861 und 30. Mai 1899 zu Art. 58 Abs. II P.St.G.B.

der Religionslehrer die Christenlehrversäumnisse in die betr. Rubrik einzutragen bzw. der einschlägigen Lokalschulinspektion mitzuteilen. Nach einer in mehreren Regierungsbezirken bestehenden Vorschrift haben übrigens die Lehrer bei den Christenlehren für die Feiertagsschulpflichtigen zur Aufrechterhaltung der Ordnung und der Vermerkung der Nichterscheinenden anwesend zu sein.

Die Verzeichnisse über die in einem Monate vorkommenden Schulversäumnisse sind in den ersten Tagen des darauffolgenden Monats der Lokal- oder Stadtschulinspektion zu übergeben, welche ihrerseits strenge darüber zu wachen hat, daß diese Versäumnisse genau geführt und ihr allmonatlich vorgelegt werden, und nötigenfalls die Lehrer im Disziplinarwege hierzu anzuhalten hätte. Sollte während eines Monats kein Versäumnis vorkommen, so hat der Lehrer eine Fehlanzeige einzureichen.

In der Pfalz haben die Lehrer die am Ende eines jeden Monats auf Grund des täglichen Absentenverzeichnisses anzufertigende monatliche Versäumnisliste am Ersten des folgenden Monats den Lokalschulinspektoren vorzulegen, welche dieselben zu beglaubigen und binnen drei Tagen dem Vorstande der Ortsschulkommission zu übergeben haben, worauf durch letztere in den vorgeschriebenen regelmäßigen oder den etwaigen außerordentlichen Schulsitzungen die erforderlichen Einschreitungen (vgl. unten) vorzunehmen sind (V.O. v. 2. 9. 1886).

Bei Fortbildungsschulen haben nach oberbayerischer Regierungsentschließung vom 20. 2. 1872 die betr. Schulvorstandschaften zu bestimmen, welche der Lehrer die Absentenlisten zu führen haben. Die Übergabe dieser Listen an die Ortsschulbehörden hat durch die einschlägige Schulvorstandschaft selbst nach vorgängiger Einsicht und Prüfung derselben rechtzeitig zu geschehen. Den Sitzungen der Ortsschulbehörde haben nicht nur die mit der Führung der Absentenlisten betrauten Lehrer, sondern auch der Inspektor oder ein anderes Mitglied der Schulvorstandschaft beizuwohnen. Bei den Fortbildungsschulen mit Tageskursen hat der halbe Schultag als geschlossene Schulzeit zu gelten, bei Fortbildungsschulen ohne Tageskurs und bei den sog. Abendkursen der Fortbildungsschulen ist jede einzelne Unterrichtsstunde als geschlossene Schulzeit zu behandeln.

Die Lokal- und Distriktsschulinspektionen (in der Pfalz die Ortsschulkommissionen) haben in den in der Regel am ersten oder zweiten Sonntage jeden Monats abzuhaltenden Schulsitzungen die übergebenen Verzeichnisse zu prüfen, d. h. die Strafbarkeit oder Entschuldbarkeit der darin vorgetragenen Versäumnisse zu untersuchen und wegen der als schuldbar erkannten Versäumnisse die vorschriftsmäßigen Strafen zu verhängen. Zu diesem Behufe sind die Eltern, Pflegeeltern, Vormünder, Dienst- oder Lehrherren der säumigen Werktags- oder Sonntagsschulpflichtigen, ferner, soweit es sich um Sonntag- oder Fortbildungsschul- und Christenlehrversäumnisse handelt, zugleich die säumigen Schulpflichtigen gegen schriftlichen Nachweis vorzuladen und mit ihrer Verantwortung zu vernehmen. Von dieser Vorladung der Eltern etc. bzw. der Schulpflichtigen kann vorbehaltlich der nachträglichen Würdigung in der Schulsitzung Abstand genommen werden, wenn das Versäumnis entschuldigt wurde und die Entschuldbarkeit zweifellos feststeht (V.O. v. 2. 9. 1886).

Bei Prüfung der konstatierten Versäumnisse ist der Sachverhalt bezüglich der vorgebrachten Entschuldigung einer angemessenen Würdigung zu unterstellen. Als entschuldbar sind jene Versäumnisse zu erachten, welche durch ein dringendes Hindernis veranlaßt worden sind, wie Krankheit der Schulpflichtigen, ungestüme Witterung, wenn die Schule entlegen ist, ungangbarer Weg, Unentbehrlichkeit des Schulpflichtigen zu häuslichen oder landwirtschaftlichen Dienstleistungen in Notlagen, durch Sitte und Anstand gebotene Teilnahme desselben an ungewöhnlichen Familienereignissen. Von allen vorkommenden Verhinderungsfällen ist dem Lehrer möglichst bald Anzeige zu machen. Die Verwendung der Kinder zum Viehhüten mit Versäumung der Schulpflicht jedoch ist strafbar nach Art. 118, 2 P.Str.G.B.[1])

---

[1]) In der Finanzausschußsitzung der Abgeordnetenkammer vom 22. Januar 1886 sagte Minister v. Lutz: »Vernünftige Behandlung der Schulversäumnisse durch die nächsten Organe würde manche Härte beseitigen und doch dem Schulinteresse Rechnung tragen, durch Verordnungen ließe sich nicht viel erreichen, alles komme auf die Lokal- und Distriktsschulinspektionen an, die ein warmes Herz für die Schule haben und sonst den gesunden Menschenverstand walten lassen«.

Sofern die in die Schulsitzung vorgeladenen Eltern oder deren Stellvertreter ohne genügende Entschuldigung von den Schulsitzungen wegbleiben oder die vorgebrachte Entschuldigung der Versäumnisse sich entweder als unzulässig oder als unwahr erweist, sind die Schuldigen für das erstemal regelmäßig zu verwarnen; bei weiteren Versäumnissen innerhalb des nämlichen Schuljahres ist für jede schuldhaft versäumte Schul- oder Unterrichtszeit in der Regel eine einmalige Geldstrafe von 10 bis 50 Pf. zu verhängen und damit eine Verwarnung der Schuldigen vor weiteren Versäumnissen zu verbinden. Beim Obwalten erschwerender Umstände kann schon im ersten Falle Geldstrafe in Verbindung mit Verwarnung verhängt werden (V.O. v. 2. 9. 1886). Diese Strafbefugnis gegenüber den Eltern ist kein Ausfluß der Schuldisziplinargewalt, sondern eine neben letzterer den Ortsschulbehörden besonders eingeräumte polizeiliche Gewalt (vgl. Staudinger, Das St.G.B. für das Deutsche Reich, 1872, S. 144).

Der Spielraum in bezug auf das Quantum der Geldstrafe ist mit Rücksicht auf die in jedem einzelnen Falle in Betracht zu ziehenden besonderen Verhältnisse (Größe des Verschuldens, Zahlungsfähigkeit des zu Bestrafenden, Rückfall) gegeben und es ist die sofortige Verfügung des höchsten Strafsatzes schon im ersten Falle je nach der Beschaffenheit desselben keineswegs ausgeschlossen.

Gegen die vorgeladenen Sonntagsschulpflichtigen ist, sofern sie ohne genügende Entschuldigung von den Schulsitzungen wegbleiben oder die von ihnen vorgebrachte Entschuldigung sich als unzulässig oder als unwahr erweist, ein Disziplinarverweis auszusprechen und damit Verwarnung vor weiteren Versäumnissen zu verbinden; ev. können sie auch zwangsweise vor die Ortsschulbehörde geführt werden. Bei weiteren Versäumnissen innerhalb des nämlichen Schuljahres ist gegen die Schuldigen in der Regel ein einmaliger Schularrest bis zu sechs Stunden in Verbindung mit Verwarnung zu verhängen (V.O. v. 2. 9. 1886). Bei Widerspenstigkeit gegen die Vorladung und Verfügungen der Lokalschulbehörde kann gegen die Betreffenden (insbesondere Eltern, Pflegeeltern, Lehr- und Dienstherren schulpflichtiger Kinder) nach Art. 21 P.Str.G.B. mit Ordnungsstrafen, erforderlichenfalls mit zwangsweiser Vorführung durch die Polizeibehörden eingeschritten werden.

Es sind demnach stets die als schuldig befundenen Vorgeladenen mit den angegebenen Strafen zu belegen. Ist an Versäumnissen Sonntagsschulpflichtiger nicht den Eltern oder deren Stellvertretern, sondern den Sonntagsschulpflichtigen selbst die Schuld beizumessen, so ist lediglich gegen letztere einzuschreiten; im umgekehrten Falle ist lediglich gegen die Eltern etc. vorzugehen. Liegt jedoch auf beiden Seiten Verschulden vor, so hat die Strafeinschreitung gegen Eltern etc. und Schulpflichtige gleichzeitig stattzufinden.

Bei Versäumung Werktagsschulpflichtiger findet in der Schulsitzung, in welche die letzteren ohnehin nicht vorzulassen sind, bloß gegen die Eltern etc., falls sie als schuldig erkannt werden, Strafeinschreitung statt. Als schuldig erscheinen die Eltern nicht nur dann, wenn sie die Kinder vom Schulbesuch zurückhalten, sondern auch, wenn sie dieselben nicht gehörig dazu anhalten und die geeigneten Zuchtmittel zur Brechung der Renitenz des Kindes anzuwenden unterlassen. Schulversäumnisse aber, welche von einem Werktagsschulpflichtigen allein verschuldet sind, sind nur an diesem und zwar auf dem Wege der Schuldisziplin zu bestrafen (V.O. v. 2. 9. 1886).

Der Strafbeschluß der Ortsschulbehörde ist den zur Verhandlung in der Schulsitzung nicht erschienenen Eltern oder deren Stellvertretern sowie Sonntagsschulpflichtigen schriftlich zu eröffnen. Den bei der Verhandlung Erschienenen wird der Beschluß sofort in der Sitzung mündlich eröffnet, worauf dieselben durch Unterschrift in der betr. Rubrik der Versäumnisliste die geschehene Eröffnung zu bestätigen haben. Bei Verweigerung der Unterschrift seitens eines Bestraften hat ein Mitglied der Lokalschulinspektion die richtig geschehene Eröffnung durch Unterschrift zu bestätigen.

Die Einhebung der durch die Schulbehörden verhängten Geldstrafen ist durch die einschlägigen Gemeindeverwaltungen — und zwar monatlich — zu vollziehen. Es wird daher von der Schulbehörde ein Requisitionsschreiben behufs der Erhebung der Strafgelder an die Gemeindeverwaltung gerichtet, von dieser alsdann der Ertrag derselben an die Schulkasse abgegeben und von der Schulkassaverwaltung eine Bescheinigung über den Empfang ausgestellt. Die Beitreibung rückständiger Geldstrafen hat von den Gemeindeverwaltungen nach den über die Beitreibung rückständiger Gemeindeumlagen gegebenen Vorschriften zu geschehen (V.O. v. 14. 7. 1879). Nach M.E. vom 7. 4. 1809 sind die Schulversäumnisstrafgelder zur Anschaffung von Schul- und Preisebüchern für fleißige arme Kinder, sowie zur Bestreitung des Schulgeldes für dieselben zu verwenden.

In der Pfalz ist behufs möglichst rascher Beitreibung der ausgesprochenen Geldstrafe sofort nach der Sitzung der Ortsschulkommission die vom Bürgermeisteramt für vollziehbar erklärten monatlichen Straflisten dem Gemeindeeinnehmer zur weiteren Behandlung zuzustellen. Am Ende des Schuljahres hat der Gemeindeeinnehmer den Betrag der erhobenen Strafgelder der Ortsschulkommission bekannt zu geben, welche dieselben entweder zur Anschaffung von Preisebüchern für fleißige Kinder oder zur Bestreitung der Schulbedürfnisse für arme Kinder zu verwenden hat. Wo keine Preisebücher eingeführt sind, empfiehlt sich besonders die Anlage von Schülerlesebibliotheken. Die Ortsschulkommission hat alsdann die Rechnungen über die angeschafften Bücher etc. mit der Bescheinigung der richtigen Ablieferung dem Bürgermeisteramte zu übergeben, welches durch Zahlungsanweisung auf den Gemeindeeinnehmer ihre Berichtigung veranlaßt. In den Gemeinderechnungen sind diese Einnahmen und Ausgaben gehörig vorzutragen und erstere durch die Straflisten, letztere durch die quittierten Rechnungen der Buchhändler etc. zu belegen.

Eltern oder deren Stellvertreter, welche bereits von der Ortsschulbehörde mit Geldstrafe belegt oder vor weiterer Versäumnis verwarnt worden sind und innerhalb des nämlichen Schuljahres ihre schulpflichtigen Kinder, Pflegekinder, Dienstboten oder Lehrlinge zum Schulbesuch anzuhalten ohne genügende Entschuldigung unterlassen, sind von der Ortsschulbehörde der Amtsanwaltschaft des einschlägigen Amtsgerichts zur Bestrafung nach Art. 58 P.Str.G.B. unter Vorlage der nötigen Behelfe und zwar sofort nach Konstatierung des weiteren schuldhaften Versäumnisses anzuzeigen (V.O. v. 2. 9. 1886). Es genügt die einfache Anzeige und braucht kein förmlicher Strafantrag gestellt zu werden. In dem Falle jedoch, daß nach der ortsschulbehördlichen Verhängung von Geldstrafe mit Verwarnung ein längerer Zeitraum innerhalb des nämlichen Schuljahres verflossen ist, ist es den

Ortsschulbehörden ausnahmsweise gestattet, gegen das neuerliche Versäumnis in eigener Zuständigkeit durch Verhängung einer weiteren Geldstrafe einzuschreiten und erst in einem abermaligen Versäumnisfalle die Anzeige an die Amtsanwaltschaft zu erstatten. Bei dieser weiteren Geldstrafe ist jede versäumte Schul- oder Unterrichtszeit mindestens mit dem doppelten Betrage der verfügten ersten Geldstrafe bis zum Höchstbetrage von einer Mark zu belegen (V.O. v. 2. 9. 1886).

Sonntagsschulpflichtige, welche von der Ortsschulbehörde wegen schuldhafter Versäumnis bereits mit Schularrest und Verwarnung bestraft worden sind und innerhalb des nämlichen Jahres dennoch die Sonntags- oder Feiertagsschule oder Christenlehre aus eigenem Verschulden fortgesetzt versäumen, sind gleichfalls der Amtsanwaltschaft des einschlägigen Amtsgerichtes nach Art. 58 P.Str.G.B. unter Vorlage der nötigen Behelfe anzuzeigen. Fortgesetzt versäumt ist der Schulbesuch schon dann, wenn nach der letzten ortsschulbehördlichen Ahndung auch nur ein einziges Versäumnis begangen wird. Beim Obwalten erschwerender Umstände können Sonntagsschulpflichtige schon nach der ersten ortsschulbehördlichen Bestrafung (mit Disziplinarverweis und Verwarnung) wegen anderer schuldhafter Versäumnisse innerhalb des nämlichen Schuljahres der gerichtlichen Bestrafung überwiesen werden.

In dem Falle, daß nach der ortsschulbehördlichen Verhängung von Schularrest mit Verwarnung ein längerer Zeitraum innerhalb des nämlichen Schuljahres verflossen ist, ist es den Ortsschulbehörden ausnahmsweise gestattet, erst nach Verhängung eines weiteren Schularrestes mit Verwarnung die Anzeige an die Amtsanwaltschaft zu machen (V.O. v. 2. 9. 1886).

Was die dem Amtsanwalt vorzubringenden nötigen Behelfe betrifft, so wird dies am kürzesten durch die Vorlage der Originalversäumnislisten geschehen können, welche die für diesen Zweck erforderliche Einrichtung haben; es wird indes auch genügen, beglaubigte Auszüge aus denselben zu übergeben, welche jedoch alle erforderlichen Konstatierungen zur Erlassung des Strafbefehls nach Art. 58 P.Str.G.B. enthalten müssen. Die Übergabe beglaubigter Abschriften empfiehlt sich im Interesse der Vollständigkeit der Schulakten.

Derartige Strafsachen können auf Antrag des Amtsanwalts durch amtsrichterlichen Strafbefehl ohne mündliche Verhandlung entschieden werden. Wenn jedoch der Beschuldigte rechtzeitig Einspruch erhebt, kommt es zur Hauptverhandlung vor dem Schöffengericht (vgl. St.P.O. § 447 bis § 452; Vorschriften für die Geschäftsbehandlung in den schöffengerichtlichen Strafsachen v. 20. 8. 1879 § 14, 1 und § 15, 1).

Von den Amtsgerichten sind nach Art. 58 P.Str.G.B. schuldige Eltern oder deren Stellvertreter wegen fortgesetzter schuldhafter Versäumnisse ihrer Kinder oder Pflegebefohlenen mit Haft bis zu acht Tagen oder an Geld bis zu 15 Taler (45 Mark), schuldige Sonntagsschulpflichtige aber mit Haft bis zu drei Tagen zu bestrafen.

Von allen derartigen Strafbescheiden haben die Distriktspolizeibehörden, welche hiervon durch die Amtsanwälte Kenntnis erhalten, jedesmal sofort den beteiligten Lokalschulbehörden Mitteilung zu machen.

Wenn nach einmal erfolgter strafrichterlicher Einschreitung gegen Eltern etc. oder gegen Sonntagsschulpflichtige die Schulversäumnisse fortgesetzt werden, so ist jedes im nämlichen Schuljahr weiter anfallende schuldhafte Versäumnis — ohne Rücksicht darauf, ob die wegen vorhergegangener Anzeige veranlaßte Mitteilung des Strafurteils bereits erfolgt ist oder nicht — an den Amtsanwalt zur Verfolgung zu überweisen und nicht etwa inzwischen wieder eine Bestrafung durch die Ortsschulbehörde vorzunehmen (V.O. v. 2. 9. 1886).

Zur Veranlassung strafrichterlicher Einschreitung gegen fortgesetzte Schulversäumnisse durch Anzeige an den Amtsanwalt ist auch jede höhere Schulbehörde (wie Distriktsschulinspektion, Bezirksamt, Stadtschulkommission) berechtigt, wenn von der Ortsschulbehörde die Anzeige unterlassen wird oder nicht rechtzeitig erfolgt. Die Übung dieses Rechts gegenüber lässigen Ortsschulbehörden ist den höheren Schulbehörden, namentlich den Bezirksämtern, durch die ihnen zustehende Kontrollierung der diesbezüglichen Tätigkeit der Ortsschulbehörden hinreichend ermöglicht.

Erfolglos würde die Anzeige sein, wenn sie erst nach Ablauf von drei Monaten seit Begehung des amtsgerichtlich zu bestrafenden Schulversäumnisses erstattet würde, da nach § 67, 3 R.Str.G.B. die Strafverfolgung von Übertretungen in drei Monaten verjährt.

Zur Verhütung von schuldbaren Versäumnissen ist die Vorführung wiederholt säumiger Schulpflichtiger durch den Schuldiener oder durch Vermittlung der Ortspolizeibehörde zulässig (V.O. v. 2. 9. 1886). Hierzu sind Ausführungsbestimmungen der einzelnen Kreisregierungen erlassen.

Die Behandlung der Schulversäumnisse seitens der Ortsschulbehörden unterliegt der Kontrolle der Distriktsschulbehörden bzw. der Lokalschulkommissionen unter Aufsicht der Kreisregierung. Säumige Ortsschulbehörden sollen durch ernstliche Ermahnungen und Zurechtweisungen zum genauen Vollzug der betr. Vorschriften angehalten, ev. der Kreisregierung zur weiteren Einschreitung angezeigt und auf diesen Gegenstand bei den ordentlichen und außerordentlichen Schulvisitationen durch Einsicht und Kontrolle der Absentenlisten und der Schulsitzungsprotokolle besonders geachtet werden (M.E. v. 1. 2. 1865 und v. 30. 6. 1873).

Von den Kreisregierungen wurden zur Herbeiführung einer genauen Behandlung des Schulversäumniswesens nähere Weisungen erlassen und zur Ermöglichung einer entsprechenden Kontrolle teils periodische Vorlagen der Versäumnislisten an die Distriktsschulbehörden, teils jährliche Vorlagen eines besonderen Verzeichnisses über die Schulversäumnisse anbefohlen.

Dispensation vom Schulunterricht bedeutet:

1. Befreiung vom Besuch der Volksschule durch Gestattung von Privatunterricht (vgl. Abschnitt 8);

2. Befreiung von vollständiger Erfüllung der Schulpflicht oder Abkürzung der vorschriftsmäßigen Schulpflichtigkeitsdauer durch frühere Entlassung aus der Schule (vgl. Abschnitt 4);

3. Erlaubnis zur temporären Unterbrechung des Schulbesuchs oder zum Wegbleiben aus der Schule für einzelne Schulstunden oder -Tage. Hiervon ist hier die Rede.

Dispensationen vom Schulbesuch in denjenigen Fällen, in welchen es sich um vorübergehende Unterbrechung des regelmäßigen Schulbesuches handelt, fallen dem Ermessen der Distriktsschulbehörden (der Distriktsschulinspektionen im Benehmen mit den Distriktspolizeibehörden), dann der Stadtschulkommissionen und der Lokalschulinspektionen anheim. Diese Schulbehörden haben bei Erteilung derartiger Dispensen die im gegebenen einzelnen Falle obwaltenden besonderen Verhältnisse zu würdigen, zugleich aber die Vereinbarlichkeit der letzteren mit den Vorschriften über die Erfüllung der festgesetzten Besuchszeit und mit Rücksicht auf einen geordneten Schulbesuch zu prüfen und hiernach zu entscheiden. Die Festsetzung einer bestimmten Frist, nach welcher sich die Zuständigkeit der Distrikts- und Lokalschulbehörden hierbei zu richten hätte, durch allgemein geltende Vorschrift wurde bei den in Betracht kommenden partikulären Verhältnissen nicht als angemessen erachtet (M.E. v. 14. 2. 1859). Die Lehrer sind zur Erteilung von Dispensen nicht berechtigt.

Wie in Bayern, so werden auch im ganzen übrigen Deutschland zeitliche oder vorübergehende Befreiungen von der allgemeinen Schulpflicht in der Volksschule aus gesundheitlichen, wirtschaftlichen und ähnlichen Rücksichten gestattet, haben aber einen Beschluß der Schulbehörden zur Voraussetzung, so daß ein Mißbrauch der Schulpflichtbefreiung ausgeschlossen ist. Selbstverständlich fällt der Zwang zum Besuche der Volksschulen fort, wenn und soweit für einen ordnungsmäßigen Unterricht der Pflichtigen anderweit gesorgt ist und darüber der Nachweis erbracht ist. Unerlaubte Schulversäumnis wird überall bestraft, bei den Schülern im Wege der disziplinarischen Schulstrafen, bei den schuldigen Eltern durch gerichtliche oder Polizeistrafen, auch durch Entziehung der Armenunterstützung (z. B. in Elsaß-Lothringen) usw. Nur die Höhe der Strafen ist sehr verschieden und erreicht manchmal eine ganz beträchtliche Höhe.

8. Privatunterricht.

Der Schulpflicht kann auch durch Genuß von Privatunterricht, nämlich dadurch genügt werden, daß der Unterricht in den für die öffentlichen Volksschulen vorgeschriebenen Lehrfächern entweder in der Familie durch besonders bestellte Organe, Hofmeister, Erzieher, Erzieherinnen, Hauslehrer, Hauslehrerinnen (häuslicher Privatunterricht) oder in Privatbildungsanstalten genommen wird.

Es wird aber zur Ersetzung des Besuchs der öffentlichen Volksschule durch Privatunterricht die Erlaubnis der Ortsschulbehörde, d. i. der betr. Lokal- oder Stadtschulinspektion, in der Pfalz der Ortsschulkommission erfordert (V.O. v. 22. 1. 1815). Voraussetzung zur Erlaubnis oder Dispensation ist, daß der Privatunterricht ein hinreichender oder vollständiger sei, d. h. die sämtlichen für die Volksschule vorgeschriebenen Unterrichtsgegenstände umfasse und so den öffentlichen Unterricht wirklich ersetze. Wenn daher für den Religionsunterricht solcher Privatunterricht genießender Kinder nicht in anderer Weise mit Zustimmung des Lokalschulinspektors resp. des Pfarrers der betr. Konfession gesorgt ist, so haben dieselben dem öffentlichen Religionsunterricht für die Schulpflichtigen, als Feiertagsschulpflichtige der Christenlehre beizuwohnen (M.E. v. 26. 2. 1838; P.Str.G.B. Art. 58, 2; V.O. v. 2. 9. 1886). Protestantische Privatschüler müssen sich darüber ausweisen, daß sie den Religionsunterricht vollständig und von einem dazu berechtigten Lehrer erhalten (Oberkonsistorialentschl. v. 25. 4. 1835 und v. 21. 5. 1852).

Die solchen Privatunterricht genießenden Schulpflichtigen haben jedoch:

1. Jedes Jahr an den öffentlichen Schulprüfungen, soweit solche bestehen, teilzunehmen (M.E. v. 26. 2. 1838; V.O. v. 15. 1. 1840). In manchen Regierungsbezirken pflegt jedoch die Teilnahme an der öffentlichen Schlußprüfung nur zum Zwecke der Schulentlassung verlangt zu werden;

2. bleiben sie den für die Schulpflichtigen geltenden allgemeinen Disziplinarvorschriften unterworfen und sind

3. zur Entrichtung des Schulgeldes, wo solches besteht, verpflichtet.

4. Die Dauer und Beendigung der Schulpflicht richtet sich für sie nach denselben Vorschriften, welche für diejenigen bestehen, welche die öffentliche Schule besuchen. Sie haben sich daher der öffentlichen Jahresschlußprüfung in dem nämlichen Jahre wie die Besucher der öffentlichen Werktags- oder Feiertagsschule, oder beim Vorhandensein der erforderlichen Ursachen, einer Separatprüfung zu unterziehen und sind nur beim befriedigenden Bestehen derselben aus der Schulpflicht zu entlassen, außerdem aber gleichfalls zu weiterem Unterrichtsbesuche anzuhalten. Die Schlußzeugnisse sind ihnen in derselben Weise wie den übrigen Schülern auszufertigen und auszuhändigen; nur ist ihnen darin statt des Besuchs der Schule der mit Erlaubnis der Lokalschulbehörde stattgehabte Genuß eines den öffentlichen Unterricht ersetzenden Privatunterrichts zu bezeugen (V.O. v. 31. 12. 1864 und M.E. v. 11. 1. 1865).

Die Erteilung häuslichen Privatunterrichts in den Lehrgegenständen der deutschen Schule ist von einer polizeilichen Genehmigung nicht mehr abhängig und bildet eine vollkommen freie Erwerbsart, auf welche die G.O. keine Anwendung findet. Wenn auch für solche Privatlehrer das Erfordernis polizeilicher Autorisation weggefallen ist, so sollen doch die Ortsschulbehörden, bei denen für die Schulpflichtigen die Erlaubnis zum Genusse von Privatunterricht zu erholen ist, bei Erteilung oder Verweigerung dieser Erlaubnis Rücksicht nehmen auf die Befähigung und das religiös-sittliche Verhalten des gewählten Privatlehrers. Was den bloßen Privatunterricht zur Nachhilfe für Schüler betrifft, so können die Eltern hier nach freiem Ermessen handeln.

Die Privatunterrichtserteilung dagegen setzt, da diese einen allgemein zugänglichen Ersatz für den öffentlichen Unterricht zu bieten bestimmt sind, polizeiliche Bewilligung zur Errichtung der betr. Anstalten und Erfüllung der sonstigen für dieselben vorgeschriebenen Bedingungen voraus. Doch findet auch hier die G.O. keine Anwendung.

Zur Gründung von Erziehungs- und Unterrichtsanstalten durch Korporationen, Vereine oder Private, sowie zur Übernahme der Leitung einer solchen Anstalt ist polizeiliche Bewilligung erforderlich (V.O. v. 18. 4. 1873), ohne welche der Gründer oder Leiter einer Strafe bis zu 90 Mark unterliegt (P.Str.G.B. Art. 59), wobei im Strafurteil zugleich die Zulässigkeit der Schließung solcher Anstalten auszusprechen ist (P.Str.G.B. Art. 59), worauf die Beschlußfassung über die Anwendung dieser Maßregel und der Vollzug der Polizeibehörde zusteht (P.Str.G.B. Art. 17, 2 und 20,3).

Die Erteilung dieser erforderlichen polizeilichen Bewilligung für Privatbildungsanstalten steht in unmittelbaren Städten (auch in München) dem Magistrate nach vorgängigem Benehmen mit den einschlägigen Schulbehörden, in den übrigen Schulbezirken den Bezirksämtern nach vorgängigem Benehmen mit den beteiligten Schul- und Gemeindebehörden zu. Gleiches gilt von den nur Erziehung bezweckenden Anstalten, deren Zöglinge den Unterricht an einer Werktagsschule genießen (V.O. v. 18. 4. 1873).

Von der einschlägigen Kreisregierung wird nach Einvernahme der beteiligten Verwaltungs-, Schul- und Gemeindebehörden die Bewilligung erteilt zur Errichtung solcher Institute, welche gewerbliche Fortbildungsschulen und Institute für blinde, taubstumme oder krüppelhafte Kinder ganz oder teilweise ersetzen wollen, ferner zur Errichtung weiblicher Erziehungs- und Unterrichtsanstalten, welche eine über das Lehrziel der Elementarschule hinaus gehende Bildung gewähren wollen (V.O. v. 18. 4. 1873). Besondere Fabrikschulen bedürfen gleichfalls der Genehmigung der Kreisregierung.

Die mit der Errichtung von Erziehungs- und Unterrichtsanstalten verbundene Gründung von Klöstern, geistlichen Genossenschaften oder Filialen derselben bleibt der besonderen landesherrlichen Genehmigung vorbehalten (V.O. v. 25. 4. 1873).

Die Erlaubnis zur Gründung von Erziehungs- und Unterrichtsanstalten ist durch den Nachweis streng sittlichen und untadeligen bürgerlichen Verhaltens sowie des Besitzes der erforderlichen Mittel bedingt. Der Leiter einer solchen Anstalt hat außerdem eine der Aufgabe der Anstalt entsprechende Berufsbildung nachzuweisen. Der Besitz des bayer. Indigenats, welcher früher Bedingung war, wird nicht mehr erfordert (vgl. Art. 3 der Reichsverfassung). Ebenso ist für die Lehrer an diesen Anstalten die erforderliche Befähigung und Erfüllung der für Anstellung im Volksschuldienst vorgeschriebenen Bedingungen nachzuweisen; von diesem Qualifikationsnachweis kann nur das Kultusministerium auf Grund anderer Belege Dispensation bewilligen.

Die Gründer oder Vorsteher der Privaterziehungs- und -Unterrichtsanstalten haben mit dem Gesuche um polizeiliche Genehmigung ihres Unternehmens die Satzungen, Lehrpläne, Lehrerverzeichnisse und sonstigen Nachweise über die Einrichtung der Anstalt vorzulegen und die erforderlichen Aufschlüsse zu geben. Von der durch die zuständige Aufsichtsbehörde genehmigten Organisation darf ohne besondere Zustimmung dieser Behörden nicht abgewichen werden. Die Vorstände haben jeden neu aufgenommenen Lehrer sofort unter Vorlage der vorschriftsmäßigen Nachweise der Aufsichtsbehörde anzuzeigen und sind verpflichtet, denselben wieder zu entfernen, wenn von dieser Behörde der Qualifikationsnachweis als ungenügend erklärt wird. Am Schlusse des Schuljahres ist der Aufsichtsbehörde ein Jahresbericht über den Gesamtzustand der Anstalt nach Maßgabe der für die öffentlichen Anstalten geltenden Bestimmungen vorzulegen (V.O. v. 18. 4. 1873; M.E. v. 12. 2. 1874 und v. 23. 2. 1882).

Im Falle der Nichtbeachtung der von der zuständigen Aufsichtsbehörde gegebenen Weisungen oder falls es überhaupt im Interesse der Sittlichkeit oder Gesundheitspflege erforderlich wird, kann diese Behörde die polizeiliche Bewilligung für verwirkt erklären.

Werden einer durch Korporationen, Vereine oder Private errichteten Erziehungs- und Unterrichtsanstalt besondere Rechte verliehen oder Zuschüsse aus Staats- oder Kreisfonds bewilligt, so können hierfür auch besondere Verpflichtungen auferlegt werden.

Beschwerden gegen Beschlüsse und Verfügungen der Aufsichtsbehörden sind an eine 14 tägige Frist gebunden und werden von der zunächst vorgesetzten Stelle in zweiter und letzter Instanz entschieden.

Wie in Bayern, so ist auch in den übrigen deutschen Staaten das Privatschulwesen, welches der Vorgänger des öffentlichen Schulwesens war, durch die immer mehr gesteigerte Pflege der öffentlichen Volksschulen nach und nach so sehr in den Hintergrund gedrängt worden, daß es heute, von einzelnen blühenden Anstalten abgesehen, eine erhebliche Bedeutung nicht mehr hat. Die Gesetzgebungs- und Verwaltungspraxis der einzelnen Staaten hat auch ihrerseits dazu beigetragen, daß für das Privatschulwesen wenigstens nicht ein besonders fruchtbarer Boden geschaffen wurde; sie hat überall an die Halter privater Schulanstalten, an deren Lehrkräfte und die Einrichtungen dieselben Anforderungen gestellt wie auf dem Gebiete des öffentlichen Volksschulwesens und eine durch manche formelle Bestimmungen noch verstärkte staatliche Einwirkung der Schulaufsichtsbehörden geschaffen. Personen, welche Privatschulen errichten oder leiten oder an solchen unterrichten wollen, müssen überall ihre sittliche und wissenschaftliche Befähigung nachgewiesen haben, als Begründer solcher Anstalten wie in Bayern so auch in Sachsen einen Nachweis über den Besitz der erforderlichen Mittel erbringen. Die Errichtung von Privatschulen durch kirchliche Korporationen ist in Sachsen und Baden nur auf Grund eines besonderen Gesetzes zulässig. Mitgliedern religiöser Orden kann die Lehrtätigkeit in Baden durch die Staatsregierung in einzelnen Fällen widerruflich gestattet werden. In Gebieten mit nichtdeutscher Volkssprache ist selbstverständlich die Beherrschung der deutschen Sprache Voraussetzung.

Der Privatschulunterricht entbindet vom Besuche der öffentlichen Volksschule, in einzelnen Staaten auch von der Tragung der Unterhaltungskosten der öffentlichen Volksschulen. Die Privatschulen werden der fortdauernden Schulaufsicht des Staates unterworfen, insbesondere in bezug auf Einrichtung und Einhaltung des Lehrplanes, den Gang des Unterrichts, die Wahl der Lehrer, die Lehrmittel usw., so daß die Gewähr dafür geboten ist, daß der Unterricht in Privatschulen den der öffentlichen Volksschulen einigermaßen ordnungsmäßig ersetzt. Die regelmäßige Besichtigung und Prüfung der Privatschulen ist allgemeiner Grundsatz.

9. Die Sonntags- und Fortbildungsschule.

An die Entlassung aus der Werktagsschule schließt sich unmittelbar die Verpflichtung zum Besuche der Sonntagsschule. Die Unterrichtszeit in der Sonntagsschule soll an jedem nicht schulfreien Sonn- und Feiertag ohne Einrechnung des Religionsunterrichts zwei Stunden betragen. Die Kgl. Regierungen, Kammern des Innern, sind jedoch ermächtigt, ausnahmsweise eine Beschränkung der Unterrichtsdauer auf eineinhalb Stunden zu gestatten, wo dies mit Rücksicht auf besondere örtliche Verhältnisse geboten erscheint. Einen Teil des Lehrprogramms der Sonntagsschule bildet der Religionsunterricht. Er wird für die christlichen Konfessionen in der öffentlichen Christenlehre erteilt, wenn nicht ein besonderer Religionsunterricht für Sonntagsschüler eingerichtet ist. Die Zwangspflicht zum Besuche der Christenlehre endigt im Hinblick auf Art. 58 P.Str.G.B. zugleich mit der Schulpflicht. Weitergehende kirchliche Verpflichtungen bleiben unberührt. Während der Ferien und an schulfreien Tagen ruht auch die Zwangspflicht zum Besuche der Christenlehre.

Die Verlegung des Unterrichts der Sonntagsschule auf Werktage soll durch § 9 der Schulpflichtverordnung erleichtert und gefördert werden. Auf diese Weise wird es möglich, den örtlichen Bedürfnissen in weitgehendem Maße Rechnung zu tragen. Die Verlegung kann auf einen oder mehrere Werktage geschehen, jedoch mit dem Abmaße, daß, wenn sie auf mehrere Werktage erfolgt, auf jeden dieser Tage mindestens eine volle Unterrichtsstunde treffen soll. Die Gesamtunterrichtsdauer der Sonntagsschule ohne Einrechnung des Religionsunterrichts und des Unterrichts in den weiblichen Handarbeiten kann auf drei Stunden erhöht werden.

An den Werktagen kann der Vor- oder Nachmittag als Unterrichtszeit bestimmt werden. Zu einer Verlegung auf Abendstunden darf nur unter ganz besonderen Verhältnissen die Genehmigung in widerruflicher Weise erteilt werden.

Die Verlegung auf einen Werktag kann für beide Geschlechter oder nur für Knaben oder nur für Mädchen verfügt werden. Sie kann an größeren Orten auch in der Weise geschehen, daß der Unterricht an Werktagen nur für freiwillig sich meldende Schüler und Schülerinnen erteilt wird, während die übrigen zum Besuche des Unterrichts an den Sonn- und Feiertagen verpflichtet bleiben, oder daß die Verpflichtung zum Besuche des Unterrichts an Werktagen auf solche Schulpflichtige beschränkt wird, die nicht in einem Arbeits- oder Dienstverhältnis stehen.

Die Verlegung erfolgt durch eine Verfügung der zuständigen Kreisregierung. Sie setzt die vorgängige Zustimmung der Ortsschulbehörde (Lokalschulinspektion, Ortsschulkommission), in unmittelbaren Städten der Stadtschulkommission und der Gemeindeverwaltung (Stadtmagistrat, Gemeindeausschuß, Gemeinderat), in zusammengesetzten Schulsprengeln der verstärkten Gemeindeverwaltung voraus. Nur aus besonders wichtigen Gründen des Unterrichts und der Erziehung kann die Kreisregierung die Verlegung des Unterrichts auf einen Werktag (nicht auf mehrere) auch schon dann verfügen, wenn nur die Ortsschulbehörde oder die Gemeindeverwaltung (verstärkte Gemeindeverwaltung) zugestimmt hat.

Vor der Verlegung ist stets das beteiligte Lehrpersonal zu hören und eine gutachtliche Äußerung der Distriktsschulbehörden zu fordern. Dabei sind alle in Betracht kommenden Umstände, insbesondere auch die wirtschaftlichen Verhältnisse, sorgfältigst zu würdigen.

Die Verlegung des Sonntagsschulunterrichts erstreckt sich nicht ohne weiteres auf den Religionsunterricht. Dessen Verlegung bleibt den zuständigen kirchlichen Behörden vorbehalten. Sie setzt die vorgängige Verlegung des übrigen Unterrichts der Sonntagsschule voraus, ist aber nicht deren notwendige Folge.

Die Erteilung des Unterrichts in der Sonntagsschule ist auch bei Verlegung auf Werktage eine Amtspflicht des Volksschullehrerpersonals, für deren Erfüllung eine besondere Vergütung nicht beansprucht werden kann. Freiwillige Leistungen der Gemeinden bleiben unberührt.

Die Bemerkungen bezüglich der Entlassung aus der Werktagsschule finden im allgemeinen auch für die Entlassung aus der Sonntagsschule Anwendung. Insbesondere ist auch hier nicht der Zeitpunkt der ersten Aufnahme des Schulpflichtigen in die Volksschule für den Termin der Entlassung maßgebend, sondern der Schluß des Schuljahres derjenigen Schule, welcher der Schulpflichtige während des letzten Sonntagsschuljahres zuletzt angehört hat.

Der Besuch der Sonntagsschule dauert regelmäßig drei Jahre; das »letzte« Jahr wird also meist das dritte sein. Indessen gilt dies nicht ausnahmslos. Die Verpflichtung zum Besuche der Sonntagsschule kann auf zwei Jahre oder auch auf zwei Jahre und ein weiteres Semester oder Teile eines Schuljahres beschränkt sein, sie kann sich sogar nur auf ein Schuljahr erstrecken. Umgekehrt kann eine Verlängerung eintreten, wenn die frühere Entlassung aus der Werktagsschule nur unter dieser Auflage gewährt wurde.

Auch in der Sonntagsschule ist eine Prüfung abzulegen, die hier als »Entlassungsprüfung« bezeichnet wird. Sie erstreckt sich auf alle Unterrichtsgegenstände einschließlich der Religion. Nach ihrem Ergebnisse ist das Gesamturteil über die erlangte Schulbildung zu fällen. Bezüglich der Zuständigkeit und des Verfahrens gilt das für die Schlußprüfung in der Volksschule Bemerkte.

Was bezüglich des Nachschuljahres der Werktagsschule bemerkt wurde, findet sinngemäß auch für die Verlängerung der Sonntagsschulpflicht Anwendung. Die nochmalige Ablegung einer Entlassungsprüfung am Schlusse der im voraus bestimmten Zeit kann vom Distriktsschulinspektor (Stadtschulreferenten) erlassen werden. Der Distriktsschulinspektor kann auch den Lokalschulinspektor mit der Vornahme betrauen.

Wenn Schulpflichtige den Termin der Entlassungsprüfung schuldhaft versäumen, kann ihnen die Entlassung aus der Sonntagsschule bis zum nächsten Prüfungstermine verweigert werden.

Ist die Versäumnis genügend entschuldigt, so soll möglichst bald eine besondere Entlassungsprüfung angesetzt werden. Die Entlassung aus der Sonntagsschule bewirkt regelmäßig auch die Entlassung aus der Schulpflicht und damit die Befreiung von der Zwangspflicht zum Besuche der Christenlehre.

Die Aushändigung der Zeugnisse hat am letzten Tage des Schuljahres zu geschehen, auch wenn die Entlassungsprüfung schon früher stattgefunden hat. Sie soll im Schulhause unter angemessener Ansprache erfolgen. Mit der Ansprache ist eine Belehrung über die Bedeutung des Zeugnisses für das spätere Fortkommen und über die Notwendigkeit sorgfältiger Aufbewahrung desselben zu verbinden. Die Sonntagsschüler sind darauf aufmerksam zu machen, daß die Rekruten bei ihrem Einrücken zum Dienste verpflichtet sind, ihre Entlassungszeugnisse und die Nachweise über den etwaigen Besuch anderer Unterrichtsanstalten mitzubringen und dem Truppenteile vorzulegen (Verfügung des Kgl. Kriegsministeriums an die Kgl. Generalkommandos vom 12. 2. 1902).

Die Entlassung aus der Sonntagsschule und damit aus der Schulpflicht überhaupt erfolgt erst mit der Aushändigung (Zustellung) des Entlassungszeugnisses. Bis dahin bleiben die zu Entlassenden der Schulzucht mit den aus Art. 56 P.Str.G.B. sich ergebenden Folgen unterworfen.

Hinsichtlich der früheren Entlassung aus der Sonntagsschule im Wege der Dispensation gilt das oben über die frühere Entlassung aus der Volksschule Gesagte in entsprechender Anwendung (vgl. Abschnitt 4). Auf dem hier angegebenen Wege der Dispensation können auch Schüler, welche vier Jahre lang eine Mittelschule mit Erfolg besucht haben, vom Sonntagsschulbesuch befreit werden.

Als Ersatz des Unterrichts in der Sonntagsschule mit befreiender Wirkung vom Besuche derselben gilt auch der Unterricht in einer F o r t b i l d u n g s s c h u l e. Als solche kommen hauptsächlich die gewerblichen, kaufmännischen und die landwirtschaftlichen Fortbildungsschulen sowie die Fachschulen in Betracht, wenn in ihrem Lehrprogramm neben der fachlichen Ausbildung auch die Elementarfächer der Sonntagsschule eine genügende Berücksichtigung finden. Der Besuch einer Fortbildungsschule an Stelle der Sonntagsschule ist freiwillig, wenn nicht anders bestimmt ist. Ihr Besuch kann jedoch nach § 120 und § 142 sowie § 150 Abs. 1 Ziff. 3 G.O. durch Ortsstatut obligatorisch gemacht werden. Die Verpflichtung zum Besuche der Fortbildungsschule dauert, wenn der Besuch ein freiwilliger ist, so lange wie die Sonntagsschulpflicht; ist die Fortbildungsschule nach den Bestimmungen der G.O. eingerichtet, so kann sich die Verpflichtung zum Besuche derselben bis zum vollendeten 18. Lebensjahr erstrecken. Die Entlassung findet auf Grund einer Prüfung statt, über welche ein Zeugnis ausgestellt wird.

10. Das achte Schuljahr in Bayern.

Zur Behandlung des achten Schuljahres ist unter dem 29. 12. 1909 eine M.B. erschienen, welche am 1. 1. 1910 in Kraft tritt. Dieselbe besagt folgendes:

I. Im § 5 der Schulpflichtverordnung vom 4. Juni 1903 war die Möglichkeit eröffnet, besondere Werktagsschulklassen für Kinder des achten Schuljahres in Angliederung an die bestehenden Volksschulen zu errichten und den Besuch dieser Klassen während eines achten Schuljahres allen Schulpflichtigen oder einem Teile oder einzelnen Kategorien derselben zur Pflicht zu machen.

Hiernach konnten im Zusammenhalte mit Ziff. 7 Abs. XI der Vollzugsvorschriften und Erläuterungen vom 7. März 1906 nur solche Schüler und Schülerinnen zu einem achten Werktagsschuljahr verpflichtet werden, die das Lehrziel der siebenklassigen Werktagsschule im wesentlichen erreicht hatten und für den Besuch der besonderen achten Klassen die genügende Reife besaßen. An größeren Schulklassen ist aber die Zahl derer nicht unbeträchtlich, die am Schlusse des siebten Schuljahres noch nicht so weit gefördert sind, um dem Unterrichte der achten Klasse mit Nutzen folgen zu können. Sie mußten also schon nach sieben Jahren aus der Werktagsschule entlassen werden, sofern nicht die Voraussetzungen zur Auferlegung eines Nachschuljahres nach § 4 Abs. 2 der Schulpflichtverordnung und Ziff. 6 lit. c der Vollzugsvorschriften vom 7. März 1906 erfüllt waren. Das Nachschuljahr bildet aber eine Ausnahmeregel, die hauptsächlich dann zur Anwendung kommen soll, wenn das Nichterreichen des Lehrziels auf Unfleiß zurückzuführen ist. Es ist mithin für diejenigen Fälle ungeeignet, in denen der ungenügende Kenntnisstand etwa durch längere Krankheit oder auch dadurch veranlaßt wurde, daß der Schulpflichtige erst vor kürzerer Zeit aus einer Landschule in die Stadtschule übertrat. Anderseits wäre es unbillig, solche Schulpflichtige schon nach sieben Jahren der Sonntags- oder Fortbildungsschule zu überweisen, während die weiter geförderten Schüler ein achtes Jahr in der Werktagsschule verbleiben müssen. Es ist daher eine Vorschrift wünschenswert, wonach alle Schulpflichtigen gleichmäßig zu einem achten Werktagsschuljahre angehalten werden können.

Die Schulpflichtverordnung enthält ferner keine Bestimmung darüber, wie in einer Gemeinde mit Pflichtbesuch der achten Werktagsschulklassen bezüglich derjenigen Schulpflichtigen zu verfahren ist, die in einer Gemeinde mit nur siebenjähriger Werktagsschulpflicht das Schlußzeugnis über ihre Entlassung aus der Werktagsschule schon erhalten haben und der Sonntagsschule überwiesen sind, dann aber während ihres achten Schuljahres in die Gemeinde mit achtjähriger Werktagsschulpflicht übersiedeln. In Ziff. 7 Abs. XIV der Vollzugsvorschriften vom 7. März 1906 war bemerkt, daß diese Schüler in der Regel nicht mehr zum Besuche der Werktagsschule anzuhalten, sondern wieder der Sonntags- oder Fortbildungsschule zu überweisen seien. Es hat sich aber gezeigt, daß hierdurch die einheimischen Schüler gegenüber den Zuzüglern unbillig benachteiligt werden würden, da diese in der Lage wären, die besseren Lehrstellen und sonstiges Unterkommen vorwegzunehmen. Deshalb war es geboten, auch in dieser Richtung die geltenden Vorschriften zu erweitern.

II. Das freiwillige achte Schuljahr.

a) 1. Es ist zulässig, in Angliederung an bestehende Volksschulen besondere Werktagsschulklassen für Kinder des achten Schuljahres zu errichten. Besondere Werktagsschulklassen sind solche, die im Anschlusse an die Lehraufgabe der siebten Klasse einen eigenen erweiterten Lehrplan verfolgen. Ihre Einrichtung wird daher in der Regel nur unter einer eigenen Lehrkraft und nur an solchen Schulen Platz greifen können, an denen jeder der sieben Jahrgänge gesondert unterrichtet wird. Sie ist aber auch bei Schulen mit geringerer Klassenzahl gestattet, wenn es nur möglich ist, mit den Schülern des achten Jahrganges eine erweiterte oder vertiefte Lehraufgabe ohne Beeinträchtigung der übrigen Schülerjahrgänge erfolgreich zu behandeln.

2. Die Errichtung der achten Werktagsschulklassen erfolgt durch eine organisatorische Verfügung der Kreisregierung, sie ist aber von einem Antrag der beteiligten Gemeinden und der Bereitstellung der Mittel zur Deckung des persönlichen und sächlichen Bedarfs abhängig. Für die Antragstellung der Gemeinden ist die Einhaltung der im § 5a Abs. 2 der Schulpflichtverordnung neuer Fassung vorgesehenen erschwerenden Formvorschriften nicht erforderlich. Inwieweit die Zustimmung der Gemeindeversammlung oder der Gemeindebevollmächtigten notwendig ist, bemißt sich nach den Vorschriften der Gemeindeordnungen. In zusammengesetzten Schulsprengeln genügt der Beschluß der verstärkten Gemeindeverwaltung.

3. Die achten Werktagsschulklassen müssen an alle oder einzelne Volksschulen der Gemeinde oder des Schulsprengels angegliedert werden und deren rechtliche Eigenschaft als Konfessionsschulen oder konfessionell gemischte Schulen teilen. Wenn in einer Gemeinde nur katholische und protestantische Konfessionsschulen vorhanden sind, kann sonach dort eine konfessionell gemischte achte Schulklasse nicht errichtet werden. Ist es nicht möglich, gleichzeitig katholische und protestantische achte Klassen zu schaffen, so bleibt der Ausweg offen, diese Klassen zunächst nur an die Schulen der einen Konfession anzugliedern, den Kindern der anderen Konfession aber den gastweisen Besuch zu gestatten. Besteht eine konfessionell gemischte Schule, so kann auch an diese eine achte Klasse angeschlossen werden, die dann die konfessionell gemischte Eigenschaft ihres Schulkörpers teilt.

4. Die Aufstellung der Lehrpläne für die besonderen achten Werktagsschulklassen erfolgt unter tunlichster Berücksichtigung etwaiger Wünsche der beteiligten Gemeinde- und Schulbehörden durch die Kreisregierung, Kammer des Innern. Sofern für die achten Schulklassen ein Lehrplan in der Schul- und Lehrordnung für die Volksschulen des Regierungsbezirks vorgesehen oder sonst allgemein vorgeschrieben ist, bedürfen wesentliche Abweichungen hiervon der Genehmigung des Staatsministeriums des Innern für Kirchen- und Schulangelegenheiten.

b) 1. Der Eintritt in die achten Werktagsschulklassen ist freiwillig. Ist er aber erfolgt, so begründet er die Fortdauer der Werktagsschulpflicht bis zur ordnungsmäßigen Entlassung. Demnach finden die Vorschriften über die Behandlung der Schulversäumnisse und über den Wirtshausbesuch der Werktagsschulpflichtigen Anwendung; auch kann das Werktagsschulgeld gefordert werden. Der aufgenommene Schüler kann diesen Wirkungen nicht beliebig durch die Erklärung seines Austritts entzogen werden. Seine Werktagsschulpflicht wird vielmehr erst durch seine Entlassung beendigt, die in der Regel am Schlusse des Schuljahres zu erfolgen hat.

2. Ausnahmsweise kann die Entlassung auf Grund des § 6 der Schulpflichtverordnung neuer Fassung schon vor dieser Zeit bewilligt werden. Dabei darf eine etwas nachsichtigere Handhabung der Dispensbefugnis Platz greifen, als sie durch die Ministerialbekanntmachung vom 28. Juli 1894 für die vorzeitige Entlassung aus der siebenjährigen Werktagsschulpflicht zur Pflicht gemacht ist. Insbesondere muß die vorzeitige Entlassung hier auch dann gewährt werden, wenn der Schulpflichtige während des Schuljahres in eine Gemeinde übersiedelt, in der achte Werktagsschulklassen nicht bestehen.

c) Wo besondere achte Werktagsschulklassen nicht errichtet sind, kann auf Wunsch der Erziehungsberechtigten das weitere Verbleiben eines Kindes in einer Klasse der siebenjährigen Werktagsschule auf die Dauer eines Schuljahres oder Semesters durch die Ortsschulbehörde nach Einvernahme des beteiligten Lehrers ausnahmsweise gestattet werden. Dabei ist aber in erster Linie auf das Interesse des Unterrichts Rücksicht zu nehmen und die Genehmigung zu versagen, wo es wegen Raummangels, großer Schülerzahl oder aus anderen, in der Person des Lehrers oder Schülers gelegenen Gründen geboten erscheint. Wird die Genehmigung erteilt, so gelten diese Schüler auf die im voraus bestimmte Zeit (Schuljahr oder Semester) in jeder Hinsicht als Werktagsschüler.

III. Das obligatorische achte Werktagsschuljahr.

a) 1. Wo besondere Werktagsschulklassen für Kinder des achten Schuljahres bestehen oder errichtet werden, kann die

Dauer der Werktagsschulpflicht auf acht Jahre erstreckt werden. Diese Verlängerung wäre in einer Gemeinde mit einer alle sieben Jahrgänge umfassenden Werktagsschule nicht statthaft. Nach der neuen Verordnung ist es aber nicht notwendig, daß die Verpflichtung auf den Besuch der besonderen achten Klassen beschränkt wird. Es ist vielmehr zulässig, die Werktagsschulpflicht für alle in der Gemeinde oder dem zusammengesetzten Schulsprengel schulpflichtigen Kinder auf acht Jahre auszudehnen, sohin auch für diejenigen, die nach ihrem Kenntnisstande nicht in der Lage sind, eine achte Werktagsschulklasse mit Nutzen zu besuchen.

2. Die achtjährige Werktagsschulpflicht kann je nach den örtlichen Verhältnissen auf eines der beiden Geschlechter beschränkt oder auf beide erstreckt werden. Es ist ferner zulässig, nur bestimmte Gattungen von Schulpflichtigen herauszugreifen, andere frei zu lassen, wobei es namentlich von Bedeutung sein wird, ob die Schulpflichtigen nach der Berufsart der Eltern regelmäßig in erlaubter Weise zur Arbeit verwendet werden können. Auch eine räumliche Beschränkung ist gestattet. Die Ausdehnung der Werktagsschulpflicht auf acht Jahre braucht nicht notwendig für den ganzen Gemeindebezirk oder zusammengesetzten Schulsprengel zu erfolgen, sie kann vielmehr, wo beispielsweise eine Landgemeinde mit einer Stadtgemeinde zu einem Schulsprengel vereinigt ist, bei Übernahme des Mehraufwandes durch die Stadtgemeinde auf die Kinder aus dem Stadtbezirk beschränkt werden.

3. Nach den neuen Vorschriften ist es ferner zulässig, auch solche Schulpflichtige der achtjährigen Werktagsschulpflicht zu unterwerfen, die erst im Laufe ihres achten Schuljahres zuziehen, nachdem sie an ihrem bisherigen Schulorte schon aus der Werktagsschulpflicht entlassen und der Sonntags- oder Fortbildungsschule überwiesen worden waren. Wenn also beispielsweise ein Schüler, der in einer Landgemeinde mit Frühjahrsschulbeginn nach sieben Schuljahren vom 1. Mai 1907 ab aus der Werktagsschule entlassen wurde, im Laufe des Sommers oder Winters 1907, spätestens aber vor dem 1. Mai 1908 in eine Stadt mit achtjähriger Werktagsschulpflicht und Herbstschulbeginn übersiedelt, so kann er dort zum Besuche der Werktagsschule bis zum Schlusse des Schuljahres 1907/08 angehalten werden. Kommt er erst in

seinem neunten Schulpflichtjahre, bei dem angeführten Beispiele also nach dem 30. April 1908, in die Stadt, so ist er für den Rest des dort laufenden Schuljahres (1907/08) nicht mehr zum Besuche der Werktagsschule heranzuziehen.

4. Darüber, ob und in welchem Umfange von der angegebenen Befugnis gegenüber den von auswärts zuziehenden Schulpflichtigen Gebrauch gemacht werden soll, ist bei der Einführung des achten Werktagsschul-Pflichtjahres unter Berücksichtigung der örtlichen Verhältnisse Bestimmung zu treffen. Es wäre statthaft, etwa nach Gewerbegruppen zu unterscheiden und je nach Bedürfnis die Zuziehenden freizulassen oder der verlängerten Schulpflicht zu unterwerfen.

b) Die Erstreckung der Werktagschulpflicht auf acht Schuljahre erfolgt durch Beschluß der Gemeindeverwaltung mit Genehmigung der Kreisregierung. Bei der tiefgreifenden Bedeutung der Maßregel sind im § 5 a Abs. 2 einige erschwerende Vorschriften für die Beschlußfassung der Gemeinden getroffen. Die Kreisregierung hat außerdem die örtlichen Schulbehörden gutachtlich einzuvernehmen und wird die Genehmigung nur unter sorgfältiger Berücksichtigung aller Verhältnisse erteilen. Wegen des Religionsunterrichts sind auch die kirchlichen Behörden zu hören. Die Wiederaufhebung der getroffenen Bestimmungen kann nicht einseitig durch Beschluß der Gemeindeverwaltung erfolgen, bedarf vielmehr gleichfalls der Genehmigung der Kreisregierung. Die Gemeinden sind verpflichtet, die erforderlichen Mittel so lange bereitzustellen, bis die Kreisregierung in die Aufhebung der verlängerten Schulpflicht und der achten Klassen gewilligt hat.

c) Die Vorschrift im § 5 a Abs. 3 ist die notwendige Folge der Bestimmung, daß die achten Schulklassen nur in Angliederung an eine bestehende Schule errichtet werden können und deren rechtliche Natur zu teilen haben. Das achte Werktagschuljahr ist an einer Schule der gleichen Konfession zuzubringen wie die der Schule, in welcher der Schulpflichtige seiner siebenjährigen Werktagsschulpflicht zu genügen hatte. Eine Zwangspflicht zum Besuche der Schule einer anderen Konfession oder einer konfessionell gemischten Schule während des achten Schuljahres kann nur insoweit in Frage kommen, als diese Verpflichtung auch für den Besuch der übrigen Werktagsschulklasen dieser Schule für den Schulpflichtigen besteht.

d) Während des achten Werktagsschuljahres sind in der Regel die besonderen achten Werktagsschulklassen zu besuchen: Schulpflichtige, die hierfür nach dem Stande ihrer Kenntnisse und Fertigkeiten nicht reif sind, werden für die Dauer des achten Schuljahres einer anderen ihrem Kenntnisstande entsprechenden Klasse durch Verfügung des Distriktsschulinspektors (Stadtschulreferenten, Stadtschulkommissärs) zugewiesen. Dies wird nicht nur bei solchen Schülern in Frage kommen, die wegen Krankheit, Unfleiß mangelnder Befähigung oder aus sonstigen Gründen das Lehrziel der siebten Klasse nicht erreicht haben, sondern insbesondere auch für diejenigen zutreffen, die erst während des achten Schuljahres von auswärts zuziehen.

IV. Die Entlassung aus der verlängerten Werktagsschulpflicht.

a) 1. Die Entlassung aus der verlängerten Werktagsschulpflicht erfolgt bei freiwilligem Besuche der Werktagsschule während eines achten Schuljahres wie beim Pflichtbesuche derselben regelmäßig am Schlusse des Schuljahres derjenigen Schule, in der der Schulpflichtige seiner verlängerten Werktagsschulpflicht genügt hat.

2. Vor diesem Zeitpunkt kann die Entlassung nur ausnahmsweise in Anwendung der Bestimmungen des § 6 neuer Fassung gewährt werden. Daß dabei nachsichtiger zu verfahren ist, wenn der Eintritt in die Werktagsschule für die Dauer eines achten Schuljahres freiwillig erfolgt war, wurde oben unter II lit. b Abs. 2 schon bemerkt. Auch in den Fällen des § 5a darf ein etwas milderer Maßstab angelegt werden, als wenn es sich um die vorzeitige Entlassung aus der siebenjährigen Werktagsschulpflicht handelte. Die vorzeitige Entlassung kann nach § 6 der Schulpflichtverordnung neuer Fassung in den Fällen der §§ 5 und 5 a mit 5b durch den Distriktsschulinspektor, in den unmittelbaren Städten den Stadtreferenten (Stadtschulkommissär) allein bewilligt werden, während bei vorzeitiger Entlassung aus der siebenjährigen Werktagsschulpflicht Distriktsschulinspektor und Bezirksamt gemeinsam und in den unmittelbaren Städten die Stadtschulkommission zuständig sind.

3. Die Entlassung aus der verlängerten Werktagsschulpflicht vor Schluß des Schuljahres kann ferner dann regelmäßig nicht verweigert werden, wenn der Schulpflichtige nicht lediglich vorübergehend während des Schuljahres in eine Gemeinde übersiedelt, in der die verlängerte Werktagsschulpflicht nicht eingeführt ist. Indessen kann es in solchen Fällen zulässig und angezeigt sein, von der Vorschrift des § 4 Abs. 2 der Schulpflichtverordnung vom 4. Juni 1903 und Ziff. 6 lit. c der Vollzugsvorschriften und Erläuterungen vom 7. März 1906 (Nachschuljahr) Gebrauch zu machen. Denn es muß verhütet werden, daß ein Schulpflichtiger, der in Anwendung der angeführten Bestimmungen ein Nachschuljahr in der Werktagsschule durchzumachen hätte, wenn nicht in seiner Gemeinde die Werktagsschulpflicht allgemein auf acht Jahre verlängert wäre, durch Wegzug aus dieser Gemeinde sich nicht nur der verlängerten Werktagsschulpflicht, sondern damit zugleich auch dem Nachschuljahr entziehen kann, das ihm sonst auferlegt worden wäre. Zu diesem Zwecke kann, wenn die Voraussetzungen des § 4 Abs. 2 und der Vollzugsanweisung gegeben sind, das Nachschuljahr auch noch nachträglich anläßlich seines Wegzugs über ihn verhängt und dadurch die Werktagsschulpflicht auch an seinem neuen Aufenthaltsorte für ihn aufrecht erhalten werden.

b) 1. Vor der Entlassung hat in den Fällen der §§ 5 und 5 a regelmäßig eine Schlußprüfung stattzufinden. Wo der Eintritt in die achten Klassen freiwillig ist (§ 5), werden sich die Schüler oder Schülerinnen dieser Klassen meist schon am Schlusse des siebten Schuljahres der durch § 4 der Schulpflichtverordnung vorgeschriebenen Schlußprüfung unterzogen haben. Gleichwohl haben sie auch an der Schlußprüfung der achten Klasse teilzunehmen. Dem Distriktsschulinspektor (Stadtschulreferenten, Stadtschulkommissär) wird anheimgestellt, einzelne Schulpflichtige, deren Erziehungsberechtigte schon vor Schluß des siebten Schuljahres in bindender Weise die Bereitwilligkeit zum Eintritt der Kinder in eine achte Klasse erklärt haben, nach seinem Ermessen von der Teilnahme an der Schlußprüfung der siebten Klasse zu befreien. Wo das obligatorische achte Schuljahr eingeführt ist, kann die Schlußprüfung der siebten Klasse wegfallen.

2. Erfolgt die Entlassung aus der verlängerten Werktagsschulpflicht ausnahmsweise infolge Wegzugs oder aus anderen Gründen

vor Schluß des Schuljahres, so kann die besondere Schlußprüfung in der Regel erlassen werden, wenn schon anderweitig feststeht, daß der Schulpflichtige den bei der Schlußprüfung der siebten Klasse zu stellenden Anforderungen genügt. Dies ist insbesondere dann der Fall, wenn er schon früher eine Schlußprüfung mitgemacht und bestanden hat oder die Erlaubnis zum Besuche einer besonderen achten Werktagsschulklasse besitzt. Befindet sich der Schulpflichtige dagegen während seines achten Schuljahres nicht in einer achten Klasse und hat er früher eine Schlußprüfung noch nicht bestanden, so wird ihm der Regel nach eine besondere Schlußprüfung im Sinne des § 4 der Schulpflichtverordnung aufzuerlegen sein, nach deren Ergebnis auch zu bemessen ist, ob von der Befugnis des § 4 Abs. 2 Gebrauch gemacht werden soll.

c) 1. Bei der Entlassung aus der verlängerten Werktagsschulpflicht ist gemäß § 7 der Schulpflichtverordnung und Ziff. 6 lit. e der Vollzugsvorschriften und Erläuterungen vom 7. März 1906 ein Schulzeugnis zu erteilen. Die dort getroffenen Bestimmungen gelten sinngemäß auch hier. Das Formular des Schlußzeugnisses ist durch einen kurzen Vermerk zu ergänzen, aus dem ersichtlich ist, ob zuletzt eine besondere achte Werktagsschulklasse freiwillig oder pflichtgemäß besucht wurde. In der Rubrik der Lehrgegenstände sind diejenigen beizufügen, die in der achten Klasse neu hinzugekommen sind. Insoweit einzelne im Formular der gewöhnlichen Schlußzeugnisse vorgesehene Lehrgegenstände in der achten Klasse nicht mehr zur Behandlung kommen, werden die am Schlusse der siebten Klasse erworbenen Noten einzusetzen sein. Das Schlußzeugnis ist auch bei der vorzeitigen Entlassung aus der verlängerten Werktagsschulpflicht auszustellen. Erfolgt diese Entlassung erst kürzere Zeit vor Schluß des achten Schuljahres, so werden die Noten nach den Lehrgegenständen der achten Klasse erteilt werden können. Wenn dies nicht möglich ist, sind die am Schluß des siebten Schuljahres erlangten Noten einzutragen. Wurde während des achten Schuljahres nicht eine besondere achte Klasse, sondern eine tiefere Klasse besucht, so ist dies in dem Zeugnisse ersichtlich zu machen.

2. Es wird häufig vorkommen, daß Schulpflichtige, die in eine achte Klasse eintreten, schon im Besitze eines Schlußzeugnisses über die Entlassung aus der siebenjährigen Werktagsschule

sind. Dies wird insbesondere bei jenen Schülern der Fall sein, die erst nach Vollendung ihres siebten Schuljahres von auswärts zuziehen. Aber auch diejenigen Schulpflichtigen, die in derselben Gemeinde ihrer siebenjährigen Werktagsschulpflicht genügt haben, werden, wenn sie in eine achte Klasse mit freiwilligem Besuch eintreten, meist schon ein Schlußzeugnis in Händen haben. In allen diesen Fällen ist das Schlußzeugnis beim Eintritt in die achte oder eine tiefere Klasse wieder einzufordern, aufzubewahren und mit einem entsprechenden Vermerke zu den Schulakten zu nehmen. Wo das achte Werktagsschuljahr als Pflichtjahr eingeführt ist, wird am Schlusse des siebten Schuljahres ein Schlußzeugnis selbstverständlich nicht ausgestellt. Ebenso kann die Ausstellung oder Aushändigung in denjenigen Fällen unterbleiben, in denen sich die Erziehungs berechtigten schon vor Schluß des Schuljahres verpflichtet haben, die Kinder freiwillig für ein achtes Schuljahr in der Werktagsschule zu belassen.

d) In den Fällen der §§ 5 und 5 a wird die Zeit des freiwilligen oder pflichtmäßigen Besuches der Werktagsschule während des achten Schuljahres oder eines Teiles desselben auf die Dauer der dreijährigen Sonntagsschulpflicht (Fortbildungsschulpflicht, §14) angerechnet. Eine doppelte Anrechnung ist nicht mehr zulässig. Die Vorschrift im § 18 Abs. 2 der Schulpflichtverordnung ist durch Ziff. 4 der neuen Verordnung aufgehoben. Die Bemerkungen unter Ziff. 16 Abs. VII der Vollzugsvorschriften und Erläuterungen vom 7. März 1906 kommen als gegenstandslos in Fortfall. Die in einzelnen Städten schon früher mit besonderer Allerhöchster Ermächtigung getroffenen Verfügungen über die Abkürzung der Sonntagsschulpflicht beim freiwilligen Besuche der achten Werktagsschulklassen bleiben jedoch mit den durch die Schulpflichtverordnung bewirkten Modifikationen bis auf weiteres noch in Kraft.

e) Im Anschluß an ein vollständig in der Werktagsschule zugebrachtes achtes Schuljahr ist gemäß § 5 b Abs. 1 eine weitere Verlängerung der Werktagsschulpflicht durch Auferlegung eines Nachschuljahres im Sinne des § 4 Abs. 2 der Schulpflichtverordnung nicht mehr statthaft. Bei vorzeitiger Entlassung infolge Wegzugs kann, wie oben unter Ziff. IV lit. c Abs. 2 bemerkt, die Anwendung des § 4 Abs. 2 in Frage kommen.

Schluß.

Wir haben gesehen, daß das Unterrichtswesen in Deutschland namentlich in den letzten hundert Jahren einen gewaltigen Aufschwung nahm. In allen Bundesstaaten ist die Schulpflicht, der Zwangsbesuch der öffentlichen Schule, eingeführt worden, haben Gesetze und Verordnungen die Rechtsverhältnisse der Volksschule und der Lehrer geordnet. Vieles ist erreicht worden, manches bedarf noch des Ausbaues und der Verbesserung. So ist noch nicht in allen Staaten die Forderung, welche schon die Nationalversammlung zu Frankfurt 1848 aufstellte, daß die Volksschullehrer als Staatsbeamte angestellt werden sollen, durchgedrungen. Und doch ist diese Forderung, die immer und immer wieder von den Lehrern erhoben wird, eine durchaus berechtigte. Die Volksschullehrer, welche überall in treuer Pflichterfüllung ihrem schweren und aufopferungsvollen Berufe obliegen, stellen eine staatserhaltende Macht dar. Sie haben die verantwortungsvolle Aufgabe, die heranwachsende Jugend zu bilden, sie zu tüchtigen und brauchbaren Gliedern des Staatswesens heranzuziehen, die Jugend, auf der die Hoffnung, die Zukunft der Nation ruht. Die Leiter des Staates aber sollten ihnen ihre Pflichterfüllung nicht schwer machen, ihnen nicht die Opferfreudigkeit ihres Berufes rauben, indem sie die Lehrer verbittern dadurch, daß sie sich ihren berechtigten Forderungen verschließen. Sie haben ein wohlbegründetes Recht darauf, gleich den anderen Dienern des Staates als Staatsbeamte behandelt zu werden, die rechtliche Stellung der Staatsbeamten zu teilen. Wenn in letzter Zeit der Begriff des Staatsbeamten so weit ausgedehnt wurde, warum hat man da nicht auch den Lehrern die ihnen zukommende Stelle eingeräumt? Sie opfern dem Staate ihre beste Kraft, indem sie ihren schweren und entsagungsvollen Beruf treu erfüllen und die Jugend zu brauchbaren Menschen nicht nur im praktischen, sondern auch im öffentlichen Leben heranzubilden bestrebt sind.

Nicht mit Unrecht hat man die Deutschen das Volk der Denker genannt; in keinem Lande hat die allgemeine Volksbildung einen so hohen Stand erreicht wie in Deutschland; nirgends ist die Zahl der Analphabeten geringer als gerade in Deutschland. Auf der ganzen Welt, in allen Kulturstaaten ist Deutschlands Unterrichtsweise, seine Volkserziehung, seine Volksbildung vorbildlich geworden. Überall ahmt man seine Einrichtungen auf diesem Gebiete nach, von überall her kommen Kommissionen, welche seine Unterrichtsanstalten und -einrichtungen studieren. Und doch ist kein Volk einer Großmacht, Rußland ausgenommen, politisch so unmündig und unselbständig wie das deutsche. In fast allen anderen Kulturländern steht die große Masse des Volkes auf einem politisch höheren Niveau als in Deutschland. Hier eröffnet sich der Schule, der Volkserziehung überhaupt noch ein weites und schönes Gebiet. Durch entsprechende Aufklärung, vor allem durch entsprechenden Geschichtsunterricht, der zu staatsbürgerlichem Verständnis führt und zur Vaterlandsliebe begeistert, kann hier viel geleistet werden. Ein schönes Ziel für einen Bildner der Jugend, auch auf diesem Gebiete seine Kraft in den Dienst des Vaterlandes zu stellen! Doch nicht durch die Schule allein kann dieses Ziel erreicht werden, dazu gehört vor allem auch eine tatkräftige Unterstützung von seiten der Eltern.

Durch das Zusammenwirken von Schule und Elternhaus, durch ein verständiges Zusammenarbeiten dieser beiden Faktoren kann erst die Erziehung der Jugend zu einer gedeihlichen werden. Leider ist dieses Ideal nicht immer erreicht und auch nicht immer erreichbar. Statt den Lehrer in seiner schwierigen Aufgabe entsprechend zu unterstützen, arbeiten manche verblendete Eltern ihm direkt entgegen. Aber auch die Schule hält sich nicht immer und überall in den gebührenden Schranken Manche Lehrer und Schulvorstände greifen über den ihnen gezogenen Rahmen hinaus in das Gebiet der elterlichen Erziehungsgewalt hinein, was dann natürlich zu Kämpfen und Reibereien der beiden Gewalten führt, von denen in der Regel die am meisten getroffen werden, um welche der Streit geführt wird, die Kinder. Erst wenn Schule und Elternhaus in harmonischem Zusammenwirken sich helfend gegenseitig unterstützen, erst dann kann das Resultat der Erziehung ein befriedigendes sein. Elternhaus und Schule sollen den Kindern das Beste geben, was sie haben, und für die Jugend ist das Beste gerade noch gut genug, damit diese darauf weiterbauen kann, mithelfend an den großen Kulturaufgaben unseres Volkes, beherzigend Goethes Wort:

»Was du ererbt von deinen Vätern hast,
Erwirb es, um es zu besitzen.«

Anhang.

Literatur.

Außer den einschlägigen Gesetzestexten und Verordnungen wurden folgende Werke benutzt:

Blätter für administrative Praxis,

Engelmann, Dr. Johann Anton: »Handbuch des bayerischen Volksschulrechtes«,

Friedenthal, Ernst: »Preußisches Volksschulrecht«,

Graef u. Gresbeck: »Die Rechtsverhältnisse der pfälzischen Schule«,

v. Krais: »Handbuch der inneren Verwaltung«,

Laband, Dr. Paul: »Das Reichsstaatsrecht«,

Moy, Dr. Ernst v.: »Das Staatsrecht des Königreichs Bayern«,

Petersilie, Dr. A.: »Das öffentliche Unterrichtswesen im Deutschen Reiche«,

Rönne, Ludwig v.: »Das Unterrichtswesen des Preußischen Staates«,

Schneider, Dr. Karl, und E. v. Bremen: »Das Volksschulwesen im Preußischen Staate«,

Seydel, Max v., »Bayerisches Staatsrecht«,

Stengel, Dr. Karl Frhr. v.: »Vorlesung über bayerisches Staatsrecht«.

www.ingramcontent.com/pod-product-compliance
Lightning Source LLC
LaVergne TN
LVHW081341011026
849161LV00013BB/2977